BOGĂȚIILE POTRIVITE ȚIE

BOGĂȚIILE POTRIVITE ȚIE

Scrisă de
Gary M. Douglas și Dr. Dain Heer

AC PUBLISHING

Titlu original: Right Riches for You
A doua ediție
Copyright © 2013 Gary M. Douglas and Dr. Dain Heer
Prima ediție: 2012 Big Country Publishing
Access Consciousness Publishing
www.acpublishing.com

Bogățiile potrivite ție
Copyright © 2023 Gary M. Douglas și Dr. Dain Heer
ISBN: 978-1-63493-620-0
Access Consciousness Publishing

Toate drepturile sunt rezervate. Nicio parte din această publicație nu poate fi reprodusă, salvată într-un sistem de stocare sau transmisă, în orice formă sau prin orice mijloc, electronic, mecanic, de fotocopiere, de înregistrare sau altele, fără permisiunea anterioară obținută în scris de la editură.

Autorul și editorul cărții nu fac nicio promisiune și nu garantează niciun rezultat de ordin fizic, mental, emoțional, spiritual sau financiar. Toate produsele, serviciile și informațiile furnizate de autor sunt doar cu scop de informare generală și de divertisment. Informația prezentată aici nu constituie, în niciun fel, un înlocuitor pentru recomandări medicale sau profesionale de altă formă. În cazul în care folosiți pentru voi înșivă oricare din informațiile cuprinse în această carte, autorul și editorul nu își asumă nicio responsabilitate pentru acțiunile voastre.

Traducere din limba engleză: Alina Ileana Stoian

CUPRINS

Schimbarea modului în care vezi lucrurile

CAPITOLUL 1: CE ÎNSEAMNĂ BANII PENTRU TINE?
Ce înseamnă banii pentru tine? 5
Tu, ființa infinită 8

CAPITOLUL 2: A PRIMI
Dependența de sărăcie 12
Fii dispus să primești totul 12

CAPITOLUL 3: A TRĂI ÎN ÎNTREBARE
Realitate contextuală versus realitate necontextuală 17
Născociri probatorii 19
Universuri conflictuale 21
Decizii, judecăți, calcule sau concluzii (DJCC) 22
Probleme care nu îți aparțin 24

Cele patru elemente ale generării abundenței

CAPITOLUL 4: FII DISPUS SĂ AI BANI
A avea bani versus a obține bani,
a economisi bani și a cheltui bani 32
Zeciuiala pentru tine însuți 34
Pune deoparte 10% din ce intră în afacerea ta 36
Poartă bani în buzunar 37
Elimină aceste cuvinte din vocabularul tău 38
Prea mulți bani? 39
Ce energie refuzi? 41
Fii dispus să percepi, să știi sau să primești totul 42

CAPITOLUL 5: GENEREAZĂ BANI

Generare versus creare 44
Generează-ți viața 45
A genera bani în viața ta 57
A pune întrebări 65
Folosirea întrebărilor în afacerea ta 71
Creează viitorul 74

CAPITOLUL 6: EDUCĂ-TE CU PRIVIRE LA BANI ȘI FINANȚE

Mulțimile AEIOU – reziduurile pe care
le-ai preluat de la alții 83
Finanțele tale personale 85
Cum funcționează lucrurile în
această realitate financiară? 90

CAPITOLUL 7: GENEROZITATEA SPIRITULUI

A dărui 96
A fi recunoscător când alții primesc 100
A fi generos cu tine însuți 101
Instrumente suplimentare pe care le
poți folosi pentru a genera bani 104
Dacă banii nu ar fi problema, ce aș alege? 104
Cum devine mai bine de-atât? 106
Punct de vedere interesant 107
Cum ar fi ca _____ să apară? 108
Ce altceva este posibil? 109
Cum am creat asta? 109
Ce este în regulă cu asta și nu pricep? 111
Incremente de zece secunde 111
Totul în viață vine la mine cu ușurință, bucurie și glorie ® 115

Glosar 117
Notă către cititori 119

Schimbarea modului în care vezi lucrurile

Schimbarea modului în care vezi lucrurile

Dacă ești la fel ca majoritatea oamenilor, ai multe puncte de vedere despre bani despre care nici măcar nu ești conștient că le ai. Aceste puncte de vedere sunt cauza multora dintre așa numitele tale probleme cu banii. În această carte, Dain și cu mine am dori să-ți prezentăm anumite feluri de a gândi cu privire la bani care te vor încuraja să-ți privești lumea financiară într-un mod diferit. Ne-ar plăcea să te ajutăm să schimbi punctele de vedere care te împiedică să ai bani cu ușurință și confort.

Această carte este despre a genera o realitate financiară care este cu mult mai grandioasă decât cea pe care o ai deja. Vom vorbi despre ce e necesar pentru *a avea*, de fapt, bani spre deosebire de *a obține* bani. Vom mai discuta și despre cum să generezi bani în viața ta și îți vom furniza instrumentele pe care să le poți folosi pentru a transforma actualul dezastru economic într-un succes. Vom sugera modalități de a face bani folosind aceste conjuncturi, în loc de a avea bani doar pentru că te-ai descurcat. Totul este despre a privi lucrurile dintr-un punct de vedere puțin diferit.

Vrem să-ți oferim oportunitatea de a recunoaște că ar putea exista un alt fel de a privi lumea. Și ar putea fi o cale de a genera ceva total diferit în viața ta dacă schimbi felul în care te uiți la lucruri.

CAPITOLUL 1

CE ÎNSEAMNĂ BANII PENTRU TINE?

Pentru început, iată două exerciții scurte care te vor ajuta să descoperi ce înseamnă banii pentru tine.

Ce înseamnă banii pentru tine?

Notează-ți răspunsurile la întrebarea:
„Ce înseamnă banii pentru tine?"

_____

_____

_____

_____

_____

_____

Reflectează la răspunsurile pe care le-ai dat

Uită-te la fiecare răspuns pe care l-ai dat ca urmare a întrebării. Te face să te simți mai ușor gândindu-te că asta sunt banii? Sau te face să te simți mai greoi? Dacă ceva te face să te simți mai ușor, este adevărat pentru tine. Dacă te face să te simți mai greoi, este o minciună.

Pentru a-ți da o idee despre cum e posibil să se desfășoare acest exercițiu, iată câteva răspunsuri ale participanților de la un recent curs despre bani:

Gary: OK, primul răspuns este *sex*. Deci, sunt banii sex? Te face asta să te simți mai ușor sau mai greoi?

Participant: Mai greoi.

Gary: Mai greu. OK, bine. Următorul răspuns este *oportunitate*. Reprezintă banii oportunitate? Te face asta să te simți mai ușor sau mai greoi?

Participant: Mai ușor.

Gary: OK, mai ușor. Oportunitatea este unul din elementele energiei banilor.

Următorul este *siguranță*. Te face asta să te simți mai ușor sau mai greoi? Mai greoi, pentru că siguranța nu este deloc ceva ce poți avea. Întreabă pe oricine locuiește în San Francisco cât de în siguranță se simte. Este foarte probabil ca pământul pe care calcă să se deschidă în orice moment și să-i înghită. Iar tu crezi că ai siguranță? Ești nebun, revino-ți!

Următorul răspuns este *libertate*. Banii reprezintă libertate. Te face asta să te simți mai ușor sau mai greoi?

Participant: Mai greoi.

Gary: Da, mai greoi. Libertatea nu vine de la bani. Banii vin din libertate. Cum ar fi dacă viața ta nu ar fi despre ceea ce crezi că ai obține cu bani? Cum ar fi dacă ar fi despre conștientizarea că banii vin la tine ca rezultat al alegerii a ceea ce este eliberator pentru tine?

Există o mulțime de oameni care spun: „Trebuie să-ți urmezi pasiunea". Dacă te uiți într-un dicționar vechi la ce înseamnă cuvântul *pasiune* vei vedea că înseamnă a fi țintuit pe cruce, cum a fost Cristos. A-ți urma pasiunea nu te conduce acolo unde vrei să mergi. Dar dacă faci ceea ce iubești, banii vin și ei în călătorie. Trebuie să fii dispus să faci ceea ce iubești.

Dain: Când ești dispus să ai libertatea alegerii, tu generezi sau creezi banii. Oamenii cred că banii le vor oferi libertate dar, de fapt, este invers. Disponibilitatea de a avea libertate permite banilor să-și facă apariția.

Gary: Când vei fi dispus să alegi, banii vor veni.

Următorul răspuns este *relaxare*. Banii sunt relaxare. Te face asta să te simți mai ușor sau mai greoi? Mai greoi. Banii nu sunt relaxare. Te-ai putea simți mai relaxat când ai mai mulți bani în cont dar banii nu sunt asta.

Următorul răspuns este *alegere*. Sunt banii alegere? Te face asta să te simți ușor sau greoi?

Participant: Greoi.

Gary: Da, pentru că banii nu sunt alegere dar alegerea generează bani. Ceea ce alegi generează bani dar banii nu-ți dau alegere.

Dain: Alegerea este similară conceptului de libertate. Dacă ești dispus să ai libertatea ca o componentă a vieții tale, vei genera libertate indiferent cum arată ea. Dacă pentru mine banii sunt necesari pentru a avea libertate, super, voi avea bani. Dacă sunt necesari o mulțime de trandafiri în jurul meu, voi avea trandafiri. Tu știi ce anume generează libertate în cazul tău. E la fel și cu banii. Dacă ești dispus să ai lucrurile care generează bani atunci vei avea bani. Mulți oameni se gândesc la bani ca la sursa lucrurilor, în loc să recunoască faptul că este invers. Alegerea nu reprezintă bani. Alegerea este sursa banilor. Alegerea creează conștientizare. Conștientizarea nu creează alegere.

Gary: Alegerea reprezintă sursa pentru tot ce există în viața ta. Alegerea generează toate oportunitățile și toate posibilitățile. Alegerea generează tot ceea ce este posibil în viața ta. Alegerea este sursa. Lucrurile pe care le alegi sunt sursa pentru ceea ce se întâmplă în viața ta.

Uită-te acum la răspunsurile pe care le-ai dat la întrebarea: „Ce înseamnă banii pentru tine?" Răspunsul tău te face să te simți mai ușor? Definește el banii pentru tine, în modul corect? Sau te face să te simți apăsat? Dacă răspunsul tău este adevărat pentru tine, te vei simți mai ușor. Dacă nu este adevărat pentru tine, te vei simți mai apăsat. Mare parte din ce ai „cumpărat" de la alții cu privire la bani este ceea ce te face să te simți mai apăsat.

În perspectiva noastră, banii sunt un vehicul. Asta este ceea ce sunt ei cu adevărat. Toate celelalte lucruri de pe listă precum siguranță, relaxare, libertate și așa mai departe sunt ceea ce au crezut oamenii că sunt banii. Observi că dacă privești banii dintr-un punct de vedere care nu este chiar al tău, e posibil ca ei să pară a fi diferiți de ceea ce sunt cu adevărat?

De exemplu: privește un perete din camera în care te afli. Acela este un perete. Este un perete frumos, un perete urât, un perete perfect, un perete drept, un perete bun sau este doar un perete? Este doar un perete. Poți să uiți ideea că peretele este frumos sau urât? La fel este și cu banii. Noi spunem: „Bani buni. Bani răi. Bani corecți. Bani iliciți. Mod corect de a obține bani. Mod greșit de a obține bani." Toate acestea sunt judecăți. Nu au nimic de-a face cu ce sunt banii. Sunt doar lucruri pe care le-ai decis pe baza experiențelor tale bune sau rele și pe baza a ceea ce ai fost învățat sau pe baza a ceea ce ai „cumpărat" de la alții.

Pe tot parcursul cărții, noi oferim întrebări, procesări și alte instrumente pe care le poți folosi pentru a deveni conștient de punctele de vedere pe care le ai cu privire la bani și pentru a le șterge din spațiul tău. Sperăm că le vei folosi pentru a-ți crea o realitate financiară diferită.

Tu, ființa infinită

Unora li s-a spus, sau au fost învățați, că trebuie să aibă o noțiune cu privire la ce își doresc astfel încât să poată avea ceea ce își doresc să aibă. Ce este aceea o noțiune? Este o hartă, o imagine, un *cum să* sau o definiție. Este ceva creat de minte. Ideea de a avea o noțiune despre ce îți dorești ar putea avea o practicabilitate limitată dar Universul este uimitor de vast și nelimitat, mai mult decât orice poate pricepe sau crea mintea ta, iar posibilitățile lui sunt nemărginite. De ce ai vrea să-ți folosești mintea pentru a crea în același fel limitat în care ai făcut-o până acum? De ce ți-ai dori să planifici ziua de mâine cu o zi înainte de a ajunge acolo, pentru a ști ce vei face? De ce ți-ai dori să acționezi într-un fel care limitează automat ceea ce este disponibil pentru tine?

Există un mod total diferit de a privi lucrurile – și un mod total diferit de a funcționa în univers. Începe prin a recunoaște cine suntem. Noi suntem ființe infinite. Ți-ai dat seama de asta? Ca ființe infinite avem abilitatea infinită de a percepe, a ști, a fi și a primi dar, în loc să recunoaștem că suntem infiniți și să funcționăm precum ființele infinite care suntem cu adevărat, pe parcursul ultimelor patru trilioane de ani am făcut o mulțime de lucruri pentru a ne face incredibil de finiți. Ne întoarcem viață după viață după viață și, de fiecare dată când revenim, devenim din ce în ce mai finiți în punctele noastre de vedere, până când *infinit* nici măcar nu mai este un concept pe care să-l înțelegem. De fapt, ne negăm caracterul infinit. Adesea, facem acest lucru pentru a fi în acord cu toți ceilalți din lumea noastră. Spunem: „Așa procedează mama mea, așa că așa voi proceda și eu" sau „Asta nu este ceva ce prietenii mei ar înțelege sau cu care ar fi de acord, așa că nu voi mai avea asta." Când facem lucrurile în acest fel, ne desprindem de caracterul nostru infinit și de posibilitățile infinite care ne sunt disponibile.

Funcționăm cu mult mai puțină putere, abilitate, bucurie, amuzament, bani – pune orice pe listă – decât am putea avea. Dain mi-a spus: „Înainte să intru în Access, îi auzeam pe oameni spunând că suntem ființe infinite și mă gândeam: sunt ființă infinită? Dacă este adevărat, atunci de ce viața mea arată cum arată? Nu ar trebui ca o ființă infinită să fie capabilă măcar să-și plătească chiria? Nu ar trebui ca o ființă infinită să se trezească fericită dimineața, măcar din când în când? Nu ar trebui ca unei ființe infinite să-i placă propria viață? Dacă sunt atât de infinit, de ce naibii viața mea arată cum arată?"

Asta se întâmplă pentru că în loc să alegem să percepem totul, să știm totul și să fim totul – care ne permite să primim totul, inclusiv toți banii pe care i-am putea cere – noi alegem să acționăm în cadrul limitărilor acestei realități. Alegem să fim în acord cu toți ceilalți cu privire la ceea ce este. Respingem ceea ce am putea avea. Refuzăm să primim asta. Credem că trebuie să ne integrăm așa cum o fac toți ceilalți. Ne reducem, ne limităm. Ne definim prin prisma corpului nostru, al contului bancar sau al casei în care locuim. Încercăm să ne facem ca toți ceilalți, pentru a ne integra.

Realitatea este că noi suntem totul dar spunem: „Ah, nu, eu sunt o ființă finită. Sunt limitată de mărimea corpului meu sau de spațiul în care trăiesc." Ne blocăm în minciuna „Sunt o ființă finită. Sunt limitat în ce privește capacitatea mea." Nu este adevărat. Nu suntem limitați și finiți!

Tu, ca ființă, nu ești altceva decât o răcoroasă briză de primăvară. Ești doar spațiu. Tu nu ești corpul tău. Aceste corpuri sunt limitate dar tu, pe de altă parte, ești totul. Cum te poți pune pe tine, care ești infinit, într-un corp? Nu poți. De fapt, corpul tău este în tine. Corpul tău funcționează înăuntrul tău, nu tu înăuntrul corpului tău. Chiar dacă ți-ai face corpul să cântărească 1.000 de livre (aproximativ 453 kg), tot nu ar fi suficient de mare pentru a te conține.

 Închide ochii și găsește-ți marginile exterioare.
 Ale tale, ființa.
 Îți poți găsi marginile exterioare?
 Sau, oriunde privești, acolo ești tu?
 Aceasta este ființa infinită.
 Ar putea o ființă atât de mare să intre într-un corp atât de mic?
 Nu se află, de fapt, corpul tău înăuntrul tău?

 Când în viața ta apare o situație care nu funcționează pentru tine, încearcă să întrebi: „O ființă infinită ar alege asta? Nu? Atunci eu de ce o aleg?" Dacă o ființă infinită nu ar alege-o, de ce ai face-o tu? Te invităm să te uiți la acele situații în care ai decis că o limitare este un lucru bun și să le deblochezi pentru a nu mai trebui să menții acel punct de vedere. Nu mai trebuie să preiei punctele de vedere limitate pe care alți oameni le cred. Tu poți alege diferit.

 Ai cât de cât habar cum ar fi să-ți trăiești viața, clipă de clipă, precum ființa infinită care ești cu adevărat? Ei bine, un lucru ar fi că ți-ai revendica și ți-ai asuma faptul că ești o ființă infinită cu puteri infinite. Nu ai crede convențiile acestei realități. Ai avea prea multe de făcut! Te-ai distra mult prea mult. Și, probabil, ai avea prea mulți bani!

CAPITOLUL 2

A PRIMI

Abundența nu este despre suma de bani pe care o ai în contul tău bancar. Este despre a avea mai mult din tot în viața ta. Este despre a avea bucurie în viața ta. Abundența este despre tot ceea ce ești dispus să primești.

Dain și cu mine am lucrat cu tot felul de oameni cu privire la așa-numitele lor probleme cu banii. Nu conta că aveau în cont 10 dolari sau 10 milioane de dolari; cu toții aveau aceeași problemă legată de bani. Cum așa? Pentru că banii nu sunt problema; problema este indisponibilitatea lor de a primi. Nu sunt capabili să primească, sau există lucruri pe care nu vor să le primească, sau nu cred că este bine să le primească. Ceea ce nu ești dispus să primești în viață este ceea ce te împiedică să ai banii pe care ți-ai dori să-i ai.

Majoritatea oamenilor sunt mai confortabili cu a nu avea bani decât sunt cu a avea bani. Ei par a avea punctul de vedere că dacă ai mulți bani înseamnă că i-ai furat de la cineva, sau ai profitat grosolan de alții, sau ești totalmente corupt. Ei aleg privațiunea în locul corupției.

Eu sunt dispus să generez o mulțime de bani. Unii oameni ar putea crede că nu-i merit și ar putea avea dreptate – dar, chiar și așa, eu sunt dispus să-i primesc. Majoritatea oamenilor pot avea doar ceea ce cred că merită. Dar, meriți să simți adierea răcoroasă într-o zi caniculară sau o simți pur și simplu? Meriți să simți soarele pe față sau doar pășești afară și el e acolo? Cum ar fi dacă banii ar fi mai mult precum soarele? Cum ar fi dacă ar fi ceva care strălucește asupra ta? Dacă ar veni la tine la fel de ușor precum respiri? Acesta este felul în care ar trebui să fie! A primi ar trebui să fie precum primirea aerului pe care îl inspiri, căldura soarelui și mângâierea brizei.

Dependența de sărăcie

Mulți dintre cei cu care lucrăm suferă de dependența de sărăcie care este indisponibilitatea de a permite elementelor din univers să le contribuie. Dacă dorești să ai bani, trebuie să fii dispus să primești. Trebuie să fii dispus să dai voie ca tot ce există în lume să-ți dăruiască. Limitele realității tale au la bază suma de bani pe care ești dispus să-ți permiți să o ai. Cu alte cuvinte, dacă ești dispus să ai doar suficienți bani, vei fi mereu doar la un salariu distanță de sărăcie; vei crea continuu acea realitate financiară. Dacă ești doar dispus să ai puțin mai mult decât ai nevoie în realitate, atunci vei crea asta în mod continuu. Asta devine limitarea realității tale. Dacă tu crezi că trebuie să muncești din greu pentru a avea bani și nu ai un sentiment de ușurință cu banii, atunci vei crea constant asta ca realitate a ta.

Cu mulți ani în urmă, când nu aveam niciun ban, mergeam la târgurile de vechituri pentru a cumpăra lucruri pe care să le pot vinde și să pot câștiga bani în plus. Într-una din zile, am văzut un mâner de ușă din aur de 14 carate, la prețul de 4 dolari. În acea perioadă, ar fi putut valora în jur de 1.000 de dolari. În ziua respectivă, nu aveam bani numerar la mine. Aveam carnetul de cecuri dar soția mea de la acel moment completase cecuri pentru care nu aveam bani să le acoperim iar eu mă angajasem să nu scriu niciodată un cec pe care nu-l puteam onora. Eram atât de dedicat ideii de a nu scrie un cec ce nu poate fi onorat încât nici măcar nu am putut vedea oportunitatea din fața ochilor. Ăsta e un lucru trist – iar eu sunt un tip isteț. Ar fi trebuit să-mi dau seama. Dacă acest lucru s-ar întâmpla azi, nu aș spune: „Ah, nu, nu pot face asta!" M-aș uita la oportunitate și aș întreba: „OK, cum pot să obțin banii?"

Asta este ceva ce facem cu toții în viețile noastre. Spunem: „Nu pot face asta." În schimb, întreabă: „Ce ar fi necesar pentru a face acest lucru să funcționeze?" Este un punct de vedere diferit din care trebuie să începi să funcționezi dacă îți dorești cu adevărat să generezi și să creezi bogăție. Nu refuza banii și lucrurile pe care ți-ai dori să le ai în viață din cauza dependenței tale de sărăcie.

Fii dispus să primești totul

Dacă îți dorești cu adevărat să ai bani, trebuie să fii dispus să primești totul. Vrem să spunem totul: ce e bun și ce e rău, ce e frumos și ce e urât.

Nu înseamnă că trebuie să alegi să ai acel lucru în viața ta dar trebuie să fii dispus să-l primești. Trebuie să fii dispus să primești energia, oricare ar fi energia aceea. Disponibilitatea de a primi înseamnă că tu recunoști că toate lucrurile pot veni la tine și că nu te marchează. Ele continuă să vină. Energia se oprește vreodată? Nu.

Când nu-ți place ceva sau crezi că este greșit, elimini energia acelui lucru – iar energia este sursa pentru tot ce există în viața noastră. Este ceea ce creează fiecare posibilitate. Când nu suntem dispuși să primim ceva, împiedicăm energia să vină la noi și ne deconectăm de la energia Universului. Tot ce am decis că nu putem primi reprezintă inabilitatea de a primi bani. Dacă decizi „Nu-mi plac blondele", nu vei fi capabil să primești bani de la nimeni cu păr blond. Dacă ești un moralist, nu vei fi dispus să primești de la oameni imorali.

Odată ce îți dai seama că totul este parte a universului tău, poți alege ceea ce ți-ar plăcea să ai. Asta este diferit față de a respinge lucruri pe care tu le judeci a fi rele sau nedorite. Când încerci să respingi lucruri din universul tău, ești incapabil să primești orice, inclusiv bani. Percepe energia de a judeca pe cineva – sau de a te judeca pe tine. Cum se simte asta? Viața ta se lărgește sau se contractă atunci când ești în toiul acelei judecăți? Se contractă. Viața ta este în colaps atunci când judeci. Te duci în propria ta gaură neagră. Când ești în acea stare, ce anume ești dispus să primești de la ceilalți? Nimic. Respingi posibilitatea ca cineva sau ceva să-ți contribuie cu bani.

Trebuie să fii capabil să primești totul, inclusiv judecata altora cu privire la tine. Judecata este ceva ce mulți oameni nu vor să primească; nu vor ca oamenii să îi judece. Ei refuză să primească judecata. Dar o judecată nu este un adevăr. Crede cineva că ești urât sau frumos, gras sau slab, puturos sau aservit muncii? Și ce dacă? Este doar judecata lor. De fiecare dată când ești dispus să primești judecata cuiva – nu să o faci reală, ci doar să o primești – vei primi alți 5.000 de dolari anul acela. Trebuie să fii dispus să primești judecată, la fel ca orice altceva, dacă dorești să ai bani.

Antreprenorul britanic Richard Branson, care este unul dintre cei mai bogați oameni din lume, este dispus să primească tot felul de judecăți. Realitatea este că dacă vei avea mulți bani, vei primi o mulțime de judecăți. Oamenii te judecă pentru că ai bani pentru că, așa cum se spune în Australia, „tu tai macii înalți". Asta înseamnă că tu nu vrei să ieși în evidență pentru că oamenii te-ar putea reteza. Oamenii cu foarte mulți bani primesc tot felul de judecăți dar, dacă sunt precum Richard Branson și nu au o judecată cu privire la judecățile celorlalți ca fiind reale, atunci ei nu se îndepărtează singuri de starea de a avea bani. Dă-ți voie să primești judecățile celorlalți. Punctul lor de vedere despre tine nu este nimic altceva decât punctul lor de vedere. Nu i te împotrivi sau nu reacționa la el, nu-l accepta sau respinge. Doar spune: „Hm. Acesta este un punct de vedere interesant."

Mi-a spus o doamnă că mergea pe jos prin San Francisco pe Market Street și că a văzut un om fără adăpost care trăia pe stradă. Reacția ei obișnuită ar fi fost să i se împotrivească, lui și propriei ei frici că, într-o zi, ar putea rămâne fără locuință. Dar în loc să facă asta, și-a spus în sinea ei: „Îl voi primi în totalitate, atât pe el, cât și faptul că aș putea să îi fiu alături, acolo pe stradă." Când a spus asta, frica ei de a deveni un om al străzii s-a disipat. A spus: „Mi-am dat seama că a fi om al străzii era parte a universului meu, ca orice altceva, dar am știut că nu trebuia să aleg să fiu un om al străzii."

Unul dintre exemplele mele preferate despre cât este de important să fii capabil să primești orice a apărut pe vremea când lucram cu un tip care deținea un magazin de îmbrăcăminte situat în cartierul gay din Houston. Afacerea lui nu făcea bani iar el mi-a spus: „Am nevoie de ajutor. Nu știu ce se întâmplă, dar afacerea mea se duce de râpă." M-am dus la magazin și m-am uitat la marfă. Totul arăta bine. M-am uitat la actele lui contabile și nu era nimic în neregulă acolo. Am zis: „Povestește-mi despre clienții tăi." Mi-a răspuns: „Ei bine, majoritatea sunt buni dar mai există acel gen de oameni care nu îmi plac."

    Am întrebat: „Ce vrei să spui cu *acel gen de oameni*"?
    A spus: „Știi tu, tipii aceia efeminați."

Am spus: „Ah! Deții un magazin de îmbrăcăminte în cartierul gay din oraș și nu îți plac tipii efeminați? Cine face cumpărături în cartierul gay din oraș? Bărbați hetero fac cumpărături în cartierul gay din oraș? Nu. Soțiile bărbaților hetero merg la un magazin din cartierul gay din oraș? Nu. Mai bine ai decide că îți plac acei oameni. Ei sunt clienții tăi."

    A spus: „Da, dar detest când îmi fac avansuri."
    L-am întrebat: „Tu faci vreodată avansuri femeilor?"
    A zis: „Ei bine, nu când soția mea este în preajmă."
    Apoi l-am întrebat: „Te aștepți să faci sex atunci când le faci avansuri?"
    El a spus: „Nu, doar îmi place să flirtez."

Am întrebat: „Și dacă tipii aceia vor doar să flirteze cu tine?"

A zis: „Oh, nu aș putea face asta vreodată."

I-am răspuns: „Va trebui să înveți să faci asta dacă vrei ca afacerea ta să aibă succes. Acum mă voi preface că sunt un tip efeminat care îți face avansuri iar tu vei învăța să vorbești cu mine."

Și am început cu „O, dragule, acestea sunt niște haine atât de frumoase" iar el aproape s-a dezintegrat.

Am continuat: „Știi? Pur și simplu mi-ar plăcea să fac sex cu tine."

La care el a spus: „Dumnezeule!"

După patruzeci și cinci de minute de lucru cu el, a ajuns în punctul în care era capabil să înceapă să flirteze și el. A început să-i placă să se joace cu energia și, după două luni, afacerea lui a devenit de succes. Doar pentru faptul că cineva flirtează cu tine și tu cu el, nu înseamnă că trebuie să copulezi. Nu înseamnă că trebuie să mergi până la capăt. Nu înseamnă nimic altceva decât că ești dispus să primești energia.

Cineva m-a întrebat: „Dacă te afli în preajma unor oameni periculoși sau nebuni, cum îi poți primi?"

Am răspuns: „E ușor. Știi că sunt nebuni. Știi că sunt periculoși. Nu i-ai lua la tine în mașină și nu i-ai duce acasă. Fii doar conștient în ceea ce-i privește și nu avea nicio judecată față de ei." Eu nu am judecăți cu privire la oameni și, din această cauză, pot primi bani de la oricine. Asta nu înseamnă că trebuie să am de-a face cu toți acei oameni. Pur și simplu înseamnă că sunt dispus să primesc energia lor.

O doamnă care a auzit povestea despre bărbatul cu magazinul de haine m-a întrebat: „Ce faci când primești energia de dorință carnală din partea unui bărbat iar el continuă cu o atingere?"

Am sfătuit-o să spună: „Iubitule, dacă mai faci asta o dată o să-ți tai penisul."

Ea a răspuns: „Da dar, acum zece secunde vorbeai despre a primi și ne spuneai să flirtăm!"

Am răspuns: „Primești. Tocmai ai primit informația că este o persoană de nimic. Doar pentru că ai flirtat sau ai ieșit la cină cu cineva nu înseamnă că trebuie să sari în pat cu el."

Femeile dețin controlul, întotdeauna. Ele spun: „Vino aici. Nu. Vino aici. Nu." Când un bărbat atinge, a mers prea departe. Este uimitor cum atât de mulți bărbați sunt obișnuiți să scape basma curată comportându-se în acest fel.

Când se întâmplă asta, preia controlul. Spune: „Dacă mai faci asta, îți tai testiculele." Când le spui așa ceva, dintr-odată, chiar le place de tine. Te respectă. De foarte mult timp și-au dorit ca cineva să îi pună la locul lor iar tu ai avut potența de a face acest lucru. Trebuie să fii dispusă să primești orice energie există dar asta nu înseamnă că trebuie să faci ceva la schimb. Nu înseamnă că trebuie să te lași violată. A primi totul nu înseamnă a deveni preș.

Dacă îți dorești să fii bogat cu adevărat și să ai totul, inclusiv sume scandaloase de bani, trebuie să fii dispus să primești totul. Trebuie, de asemenea, să fii dispus să fii, să faci, să ai, să creezi și să generezi totul în viață. Tot restul înseamnă a funcționa din judecată, ceea ce îți diminuează abilitatea de a fi și de a primi totul.

CAPITOLUL 3

A TRĂI ÎN ÎNTREBARE

Realitate contextuală versus realitate necontextuală

Această realitate, pe care Dain și cu mine o numim realitate contextuală, este despre cum câștigi, cum pierzi, unde te încadrezi și unde beneficiezi. Este un punct de vedere limitat despre univers. Realitatea contextuală reprezintă, de fapt, zece la sută din univers – dar este universul în care majoritatea oamenilor trăiesc și funcționează. Atunci când spui „Nu pot face asta" sau „Asta nu merge", tu funcționezi în realitatea contextuală. Singurul moment când te superi, singurul moment când te îngrijorezi este atunci când te afli în realitatea contextuală.

Realitatea contextuală definește limitările în viață. Este sistemul de judecăți al acestei realități pentru că este necesară judecata pentru a stabili dacă pierzi sau câștigi și dacă te integrezi sau beneficiezi. Un număr foarte mare de oameni practică realitatea contextuală, așa că nu poți scăpa de ea. Nu o poți distruge și nu poți trăi în afara ei. Trebuie să fii capabil să trăiești cu ea. Dar nu trebuie să trăiești în ea! Poți trăi în universul necontextual sau realitatea necontextuală. Realitatea necontextuală este despre conștientizare, posibilități și alegeri. Este despre întrebări: „Bine, care sunt posibilitățile aici? Ce întrebări pot pune? Ce alegeri am? Ce contribuție pot fi?" Când întrebi: „Cum poate acest lucru să apară ca ceva chiar mai măreț decât îmi pot imagina?", tu funcționezi în realitatea necontextuală. Dacă realitatea contextuală reprezintă zece la sută din univers, realitatea necontextuală acoperă celelalte 990 de procente.

Filmul *Phenomenon* din anul 1996 este un exemplu grozav despre realitatea necontextuală. Personajul principal interpretat de John Travolta funcționează din realitatea necontextuală. Pentru el, totul este disponibil. Mulți oameni îl consideră un ciudat datorită abilităților sale – iar atunci când începi să funcționezi din abilitățile tale, e posibil ca oamenii să te considere și pe tine un ciudat. Trebuie să fii dispus să fii considerat cel ciudat, altminteri nu poți funcționa în întregime din universul de 1.000 de procente. Universul îți furnizează oportunități incredibile. Când te deschizi către realitatea necontextuală, aduci aceste posibilități în viața ta. Cum faci acest lucru? Unul dintre cele mai importante lucruri pe care-l poți face pentru a începe să trăiești în realitatea necontextuală și pentru a-ți schimba situația financiară – și întreaga viață – este să trăiești în întrebare.

A trăi în întrebare înseamnă a invita Universul să te susțină, punând un număr nelimitat de întrebări. Totul în Univers este conștient și fiecare moleculă care există va ajuta în a te susține. Știința ne spune că atunci când ne uităm la o moleculă, îi schimbăm structura – prin simplul fapt că o privim. Conștiința moleculelor ne contribuie; contribuția face parte din natura lor. Dacă nu înțelegem că avem impact asupra fiecărei molecule cu care intrăm în contact, nu le vom da voie moleculelor să ne contribuie – și nu vom primi ceea ce moleculele încearcă să ne dea.

A trăi în întrebare este opusul încercării de a pricepe lucrurile. Când încerci să calculezi modul în care vei face ca ceva să se întâmple, te duci în a descoperi răspunsul, în loc să inviți Universul să pună la dispoziție posibilități infinite. Nu încerca să calculezi lucrurile. Mintea ta este un lucru periculos. Poate defini doar ceea ce știi deja. Nu poate fi infinită și nelimitată. De câte ori ai un răspuns, aceea este suma totală a ceea ce poate apărea pentru tine. Dar când pui o întrebare nemărginită precum: „Ce ar fi necesar pentru ca .... să apară?" tu inviți Universul să te susțină în moduri pe care nici măcar nu ți le-ai imaginat.

Pe parcursul acestei cărți, oferim multe întrebări și procesări diferite pe care le poți folosi pentru a schimba modul în care vezi lumea și, astfel, să dai frâu liber abilității tale de a genera nelimitate sume de bani. Pentru început, vom vorbi despre modurile specifice prin care dezvolți puncte de vedere care limitează suma de bani pe care o ai în viața ta și cum poți folosi întrebările pentru a le îndepărta din spațiul tău.

Născociri probatorii

Nu ceea ce există în lume determină cum este viața ta, întrucât lumea nu are un punct de vedere. Este invers. Lumea îți susține punctul de vedere. Un alt fel de a spune asta este că punctul tău de vedere îți creează realitatea. Realitatea ta nu îți creează punctul de vedere. Ești conștient de acest lucru? De exemplu: dacă ai punctul de vedere că a obține bani este o luptă, vei avea întotdeauna o luptă cu privire la bani. Oamenii care *cumpără* acest punct de vedere de la părinții lor, continuă să aibă dificultăți cu banii dacă nu-și elimină punctele de vedere blocate pe care le au despre bani. Expresia „două generații agonisesc și a treia risipește" exprimă ideea că nu poți fi mai grozav decât ai fost crescut să fii.

Am întâlnit un domn din Tennessee care a exprimat această idee într-un alt fel. Cu un puternic accent din Sud, a spus: „Nu poți crește mai sus de stafidă". M-am gândit: „Hmm. Ce înseamnă asta?" Mi-am imaginat că se referă la o brioșă cu o stafidă în vârf. Apoi mi-am dat seama ce spunea el: „Nu poți ajunge mai sus decât nivelul la care ai fost crescut." Dacă ești crescut în sărăcie, presupui că sărăcia este normală și corectă. Dacă ai fost crescut în clasa de mijloc, presupui că a fi din clasa de mijloc este normal și corect. Adopți punctele de vedere ale oamenilor din jurul tău – și apoi îți creezi realitatea pe baza punctului tău de vedere.

Majoritatea oamenilor își stabilesc viața pe baza născocirilor probatorii pe care le-au avut din vremea când erau copii. O născocire probatorie este un punct de vedere fals. Este un punct de vedere pe care l-ai dezvoltat. Este atunci când spui: „Așa ar trebui să fie banii" sau „Așa stau lucrurile cu banii". Consideri că ceva anume este într-un anumit fel și apoi strângi probe ca să încerci să dovedești că așa stau lucrurile. Nu te uiți la ceea ce este. Te uiți la modul în care ți-ar plăcea să fie ceva sau la felul în care ai decis că sunt lucrurile. De exemplu: ai avut vreodată o relație cu cineva și ai devenit atât de concentrat pe modul în care doreai ca acea persoană să fie încât nu ai putut vedea cum era el sau ea cu adevărat? „Oh, îl (o) iubesc! E atât de minunat(ă)." Da, sunt minunați – mai puțin atunci când sunt răutăcioși, meschini și se comportă mizerabil cu tine. Dacă ești concentrat pe ce îți dorești ca ei să fie și cum dorești ca relația să funcționeze în loc să vezi cum sunt ei cu adevărat și cum este relația de fapt, vei trăi spunând lucruri precum: „Ei bine, în cele din urmă va funcționa." Probele nu susțin imaginea pe care ai născocit-o. Asta este o născocire probatorie.

Să zicem că ai punctul de vedere: „Singurul mod în care pot obține bani este de a avea un job de la 9 la 17." Tragi acest punct de vedere din eter – sau îl scoți din capul părinților tăi – și decizi: „Așa este." Apoi începi să cauți probele care dovedesc că punctul de vedere pe care l-ai născocit este, de fapt, adevărat. Începi să-ți creezi viața pentru a dovedi corectitudinea acelui punct de vedere. Te uiți tu dincolo de dovada firavă care pare a confirma punctul tău de vedere? Nu. Tu nu funcționezi din conștientizare. Funcționezi dintr-o născocire probatorie.

O prietenă comună ne-a spus că tatăl său a refuzat postul de vice-președinte al unei companii petroliere pentru a deveni profesor. Născocirea probatorie în familia ei a fost că educația reprezintă totul și că doar oamenii *nerafinați* au bani. Familia era chitită să dovedească superioritatea din a nu avea bani.

Dain a avut o versiune similară în familia lui. El spune că, în familia lui, născocirea probatorie era: „Poate că nu avem bani dar, spre deosebire de acei oameni bogați, noi suntem fericiți." El nu a crezut asta. Reacția lui a fost: „Scuză-mă, dar te-ai uitat la tine în ultimul timp? Asta numești tu fericit? Mai degrabă aș avea ceva bani și aș încerca să văd cum e de partea cealaltă. Nu are cum să fie mai puțină fericire decât aveți voi, dragilor."

Un domn pe care îl cunoaștem ne-a spus că a fost fericit „ocazional" pe parcursul celor 42 de ani de căsnicie. A spus că părinții lui au fost căsătoriți timp de 68 de ani iar el a decis că trebuie să fie în stare să facă și el asta. El a creat același tip de căsnicie pe care au avut-o părinții lui – de durată dar nu foarte fericită. A decis că o căsnicie de durată era un lucru bun și apoi a încercat să creeze acea realitate – indiferent cum.

Pentru a considera corect ceva care nu este, susținem acel lucru cu probe pe care le adunăm pentru a dovedi corectitudinea punctului nostru de vedere. Născocirile probatorii sunt puncte de vedere interesante care demonstrează corectitudinea tuturor limitărilor din viața noastră. Fiecare limitare în viața ta are la bază născocirea probatorie. Fiecare limitare.

Unul din lucrurile pe care ni le dorim mai mult decât orice este să ne agățăm de corectitudinea punctului nostru de vedere, chiar și dacă nu funcționează pentru noi. Născocirile probatorii sunt mai dinamice, mai contractante, mai intense și mai limitatoare decât orice altceva din existența noastră. Dacă există vreun aspect din viața ta care nu se schimbă așa cum ți-ai dori să se schimbe, ai o născocire probatorie – sau câteva milioane – care îl ține pe loc.

Dacă există vreun aspect din viața ta pe care pare că nu-l poți schimba, întreabă: „Câte născociri probatorii am care mențin asta pe loc?" Apoi folosește fraza de curățare: Right and wrong, good and bad, POD and POC, all 9, shorts, boys, POVADs and beyonds. Nu trebuie să cauți un răspuns. Întrebarea aduce la suprafață energia și apoi, fraza de curățare se duce la punctul creației unde ai făcut născocirea probatorie sau la punctul distrugerii, unde ai distrus o parte din conștientizarea sau conștiința ta pentru a menține în existență un punct de vedere limitat, și le șterge pentru ca tu să ai o posibilitate diferită. Nu contează dacă punctul creației sau al distrugerii au fost săptămâna trecută sau acum o sută de milioane de ani. Fraza de curățare te duce în primul loc în care s-a întâmplat și curăță deciziile pe care le-ai luat. Are loc energetic, atunci când folosești întrebarea și fraza de curățare.

La finalul acestei cărți se află mai multe informații despre fraza de curățare dar nu trebuie să o înțelegi pentru ca ea să funcționeze. Când ajungi în punctul în care îți pasă cu adevărat să afli ce reprezintă ea, o poți căuta sau du-te la un curs Access și roagă pe cineva să ți-o explice.

Universuri conflictuale

Mulți oameni urăsc banii – și tu ai putea fi unul dintre ei. Dacă nu ai prea mulți bani în viața ta, probabil că urăști banii. Dacă ai fi dispus să iubești banii, probabil că ai avea mult mai mulți bani și ți-ar fi mai ușor în viață.

Ți s-a spus în copilărie că banii sunt ochiul dracului? Iar tu refuzi să fii malefic? Dar ți-ar și plăcea să ai mai mulți bani? Asta creează o dilemă, nu-i așa? Este ceea ce numim un univers conflictual, o realitate conflictuală sau o paradigmă conflictuală.

> *Tot ce ai făcut pentru a considera banii a fi ceva malefic, și maleficul a fi bani, și toate modurile în care ai încercat să nu fii malefic ca o cale de a te asigura că nu vei avea bani, vrei să distrugi și să decreezi toate acestea? Right and wrong, good and bad, POD and POC, all 9, shorts, boys, POVADs and beyonds.*

Tot ce trebuie să faci cu întrebarea „Vrei să distrugi și să decreezi toate acestea?" este să spui *Da* – dar fii sigur că vrei asta. Mulți oameni spun *da* când, de fapt, este *nu*. Disponibilitatea ta de a schimba asta începe cu procesul schimbării. Apoi spune fraza de curățare care îți curăță limitările energetic.

Decizii, judecăți, calcule sau concluzii (DJCC)

Ai decis ce îți va produce, și nu-ți va produce, bani? Ai decis ce este bun și ce nu? Există o problemă uriașă legată de a emite decizii, judecăți, calcule și concluzii (DJCC). Orice decizie, judecată, calcul sau concluzie va limita ceea ce poți avea.

De fiecare dată când decizi, emiți o judecată, faci un calcul sau tragi o concluzie, trebuie să *demonstrezi* corectitudinea lor. Să spunem că muncești din greu pentru a realiza ceva, de exemplu, o afacere nouă. Ajungi într-un loc în care crezi că totul va ieși așa cum preconizezi – dar nu iese așa. Tragi o concluzie: „Chestia asta nu a mers."

Când concluzionezi „Chestia asta nu a mers" tu oprești energia pe care ai folosit-o ca să generezi orice ar fi pe care ți-ai dorit să-l ai, și apoi trebuie să o iei de la capăt pentru a crea altceva. Apoi, când acel lucru nu se fructifică, decizi încă o dată „Chestia asta nu a mers" și reîncepe ciclul. „Chestia asta nu a mers" este un DJCC. Oprește energia. Tragi o concluzie iar asta este tot ce poate apărea. Tot ceea ce generai se destramă. Te plasează într-un ciclu continuu creează-și-distruge.

În loc să faci un DJCC precum „Chestia asta nu a mers", trebuie să pui o întrebare. Spune: „Hm. Asta nu e ieșit așa cum voiam. Ce altceva este posibil?" În loc să faci DJCC precum „Mă ocup de asta" sau „Asta este alegerea corectă" sau „Așa stau lucrurile", trebuie să trăiești în întrebare.

Mulți dintre noi alegem ceea ce este familiar sau confortabil. Dar dacă alegi doar ce se simte familiar și confortabil, peste zece ani vei obține același rezultat pe care l-ai obținut întotdeauna. Vei continua să alegi aceleași lucruri pe care le-ai ales mereu și vei continua să obții același rezultat pe care l-ai obținut mereu. Cum ar fi dacă ai fi dispus să ieși din zona de confort? DJCC-urile contribuie la crearea zonei de confort din care funcționezi. Din nefericire, DJCC-urile creează, de asemenea, o limitare uriașă a banilor din viața ta.

Un lucru interesant despre Richard Branson este că el nu trage niciodată o concluzie. Când ceva nu iese în felul în care își dorește, el pune întrebarea: „Ce pot face diferit care va crea un rezultat diferit?" Dispoziția de a te uita la ce altceva poți crea și la ce poți face care va crea un rezultat diferit te va menține în mișcarea înainte a creării banilor și a lui a avea bani.

> *Câte decizii, judecăți, calcule și concluzii (DJCC-uri) ai care limitează suma de bani pe care ai putea-o avea în viața ta? Vrei să distrugi și să decreezi toate acestea? Right and wrong, good and bad, POD and POC, all 9, shorts, boys, POVADs and beyonds.*

A încerca să transformi o decizie într-un adevăr

Într-unul din cursurile noastre, am lucrat cu o femeie care repeta necontenit „Sunt îngrozitor de săracă".

Am întrebat-o: „Ce întrebare este asta?"

Pe măsură ce vorbeam, i-a devenit clar că își trăia viața dintr-o decizie pe care încerca să o transforme într-un adevăr. „Sunt îngrozitor de săracă" nu este un adevăr! Este o decizie proastă. Ea încerca să-și transforme deciziile proaste într-un adevăr.

> *Ți-ai transformat decizia cu privire la situația ta financiară într-un adevăr? Tot ce este acest lucru, vrei să distrugi și să decreezi în totalitate? Right and wrong, good and bad, POD and POC, all 9, shorts, boys, POVADs and beyonds.*

O altă doamnă de la unul din cursurile noastre m-a întrebat: „Mă poți ajuta cu ceva ce nu înțeleg? După ce am început să fac Access anul trecut, am făcut mai mulți bani, mai ușor decât am făcut vreodată în viața mea. Am renunțat la unele limitări și după aceea am început să generez o grămadă de bani. Apoi, dintr-odată, totul s-a oprit ca atunci când pui frână brusc. A fost buum! Niciun ban. Nu înțeleg ce s-a întâmplat."

După ce am stat puțin de vorbă, și-a dat seama că a decis: „Bun, în cele din urmă m-am prins. Acum știu cum să fac asta." De îndată ce spui „M-am prins" oprești fluxurile de energie și oprești venitul. De ce se întâmplă astfel? Pentru că ai oprit energia care genera ceea ce era posibil. La început, ea era dedicată generării energiei banilor și punea întrebări dar, mai apoi, a trecut la „M-am prins". Este vreo întrebare în „M-am prins"? Nu. Invită „M-am prins" energia Universului să te ajute? Nu. Este o decizie. Îi spune Universului că nu mai ai nevoie de contribuția lui. Dacă nu ești dispus să pui întrebări, Universul nu-ți poate contribui. Dar, când trăiești în întrebare, Universul va avea grijă de tine.

Afirmațiile cu un semn de întrebare atașat sunt o altă variantă de DJCC. Ele nu sunt întrebări cu adevărat. Uneori, oamenii trag o concluzie și apoi își formulează concluzia ca și când ar fi o întrebare. Dar chiar dacă pui un semn de întrebare la finalul unei afirmații, tot o afirmație este.

După unul din cursurile noastre, o doamnă a avut o durere de cap și a concluzionat că a rezultat în urma cursului. A întrebat: „Ce e greșit de am o durere de cap?" Este asta o întrebare? Nu. Este o afirmație cu un semn de întrebare atașat. Odată ce am explorat ceea ce se întâmpla, și-a dat seama că doar trebuia să se relaxeze și să-și miște corpul. A observat cum corpul ei trebuia să se destindă și să meargă să înoate dar ea nici măcar nu se gândea la asta deoarece decisese că era ceva greșit. A sărit într-o concluzie. Nu a pus o întrebare. Nu a întrebat: „Corpule, de ce ai nevoie?" Corpul tău este un organism senzorial. Rolul lui este să-ți dea informații. Când tragi concluzii cu privire la corpul tău fără să-l întrebi ce are nevoie, durerea de cap sau orice informații pe care le primești de la el sub formă de senzații se vor intensifica. Senzațiile vor continua să se înrăutățească pe măsură ce corpul tău încearcă să-ți ofere informații referitor la ce are nevoie. Dacă ceva se înrăutățește continuu, înseamnă că ai făcut o DJCC sau o născocire probatorie. Mergi înapoi și dizolvă asta folosind fraza de curățare și apoi începe să pui întrebări. Când am o problemă cu corpul meu, îl întreb: „Corpule, de ce anume ai nevoie?" Încep cu apă, sare și zahăr. Dacă el spune „apă", eu întreb: „Să bei? Să înoți în ea? Să mă scufund în ea? Să fac un duș?" Corpul meu îmi spune mereu ce are nevoie – dacă îi pun o întrebare.

Probleme care nu îți aparțin

Uneori luăm asupra noastră situații care nici măcar nu sunt ale noastre și încercăm din răsputeri să le rezolvăm. Funcționează asta? Le putem rezolva? Nu! Situațiile nu ne aparțin. Când Dain avea în jur de treisprezece ani, începuse să încerce să-și rezolve problemele „sale" cu banii. După mulți ani, după ce a început să facă Access, a descoperit că ceea ce a crezut că era problema lui cu banii, de fapt, nici măcar nu era a lui. Nu-i aparținea. Era a tatălui său. Tatăl lui avea o afacere în declin așa că problema cu banii a tatălui a devenit problema cu banii a familiei iar Dain a continuat să încerce să o rezolve ca și când era problema lui. Dain a crezut că el nu se pricepea la bani. Cu alte cuvinte, a adoptat punctul de vedere al tatălui său cu privire la bani: viața este despre banii pe care nu îi faci și despre banii pe care nu îi ai.

Dain a crezut punctul de vedere „eșecul cu banii" care nu era al lui și l-a dus mai departe în viața lui, crezând că era un ratat în ce privește banii – și asta este exact ce a creat. A avut chiar și o prietenă care îi spunea continuu că este un ratat în ce privește banii. Când a devenit conștient că problema tatălui lui cu banii nu era a lui, și când a început să folosească fraza de curățare, totul în universul lui financiar a început să se schimbe radical. Și, odată ce a părăsit-o pe prietena care era convinsă că era un ratat în ce privește banii, Dain a început să facă bani cu ușurință. În următoarele trei luni a făcut mai mulți bani decât făcuse în trei ani.

Oamenii adoptă întotdeauna puncte de vedere care nu sunt ale lor. Ați încercat și nu ați reușit să rezolvați problema banilor sau altă problemă pentru familia voastră? Ați presupus că trebuie să fie problema voastră? Ați adoptat-o ca problema voastră pentru a avea ceva de rezolvat – pentru că sunteți buni la a rezolva probleme? Nu ați putut rezolva problema pentru că nu era problema voastră de la bun început. Și tot nu este problema voastră. Nu va fi niciodată problema voastră. Dar aveți născociri probatorii care o fac problema voastră. Câte născociri probatorii și DJCC-uri aveți pentru a transforma „problema voastră" – problema pe care nu o aveți care, de fapt, este problema altcuiva – într-o problemă pe care încercați să o rezolvați?

Ai încercat să rezolvi problema familiei tale de când erai copil? La ce vârstă ai început să te ocupi de problemele familiei tale cu privire la bani? Tot ce ai făcut pentru a crea născocirile probatorii și DJCC-urile acestui lucru, vrei să distrugi și să decreezi în totalitate? Right and wrong, good and bad, POD and POC, all 9, shorts, boys, POVADs and beyonds.

Cui aparține asta? Nu numai că preluăm problemele altor oameni; mai preluăm și gândurile, sentimentele și emoțiile lor și le identificăm în mod greșit ca fiind ale noastre. De fapt, 98% din gândurile, sentimentele și emoțiile „tale" nu îți aparțin. Aparțin tuturor celorlalți din jurul tău. Tu ești un radioreceptor uriaș.

Dain povestește cum, într-o zi, lua micul dejun, înainte de o teleconferință. Dintr-odată, a început să se simtă cuprins de un atac de panică. A început să caute e-mailul care conținea detaliile necesare pentru teleconferință. Devenea din ce în ce mai agitat. „Unde este? Unde este?" Dintr-odată, s-a oprit și a spus: „Uau, asta nu mă caracterizează. Eu nu intru în panică așa. OK, cui aparține asta?" Imediat, sentimentul de panică s-a ușurat și a dispărut. Nu era al lui.

De fiecare dată când simți că intri într-o emoție, gând sau sentiment, întreabă: „Cui aparține asta?" Dacă nu este al tău, se va ușura de-ndată. Ar putea aparține vecinului tău de pe aceeași stradă sau cuiva care trece pe lângă apartamentul tău. Nu trebuie să știi cui aparține; doar trimite-l înapoi la expeditor.

Folosește acest instrument de fiecare dată când observi că ai un punct de vedere limitativ cu privire la bani: „Nu există suficienți bani", „E greu să faci suficienți bani", „Nu voi avea niciodată jobul potrivit" sau orice alte gânduri nebunești și limitative cu privire la bani. Unii oameni beneficiază mai mult dacă pun întrebarea de trei ori. „Cui aparține asta? Cui aparține asta? Cui aparține asta?" Mai poți întreba: „Este asta a mea sau a altcuiva?" Dacă devine cât de cât mai ușoară, nu este a ta. Dacă se resimte ca o apăsare, întreabă: „Cum am creat asta?" sau „Am crezut că asta este a mea când nu era?" Dacă așa stau lucrurile, folosește fraza de curățare.

Dain relatează o situație care reprezintă un exemplu foarte bun în această privință. El spune: „Am un prieten bun care mi-a dat ceva sub forma unui dar și, pentru o fracțiune de secundă după ce mi l-a dat, am avut un gând: 'Îmi dă asta pentru ca să mă poată controla. Mai târziu va folosi acest lucru împotriva mea.' Stăteam cu acel frumos cadou pe care mi-l dăduse și mă simțeam foarte apăsat.

„Apoi, mi-am amintit dintr-odată că, atunci când ceva te face să te simți apăsat, este o minciună. Adevărul te face să te simți mai ușor. Am zis: 'Stai puțin! Cui aparține asta?' și s-a ușurat imediat. Am folosit fraza de curățare și a devenit chiar și mai ușor.

Doar trei săptămâni mai târziu am remarcat: 'Oh! Am *cumpărat* asta de la tata.' Tatăl meu este o persoană geloasă care crede întotdeauna că oamenii își propun să-i facă greutăți. Eu am *cumpărat* acest punct de vedere de la el cu mult timp în urmă și a existat în lumea mea atât de multă vreme încât părea a fi al meu."

Din momentul în care vii aici, tu, ca ființă, ești foarte conștient. Începi să privești în jur și-ți spui: „Hei, locul acesta pare chiar interesant. Voi vedea cum merge." Și încerci totul. Testezi persoanele și percepi și primești tot ce se întâmplă cu toată lumea. Și, pentru că cel mai mult ești în preajma părinților tăi, ajungi să le preiei gândurile, sentimentele, emoțiile și punctul de vedere al lipsei sexului pe care ei le au și ajungi să crezi că acele puncte de vedere sunt ale tale.

Când vorbim despre punct de vedere de lipsă a sexului, nu vorbim despre copulație, la care majoritatea oamenilor cred că ne referim. Din punctul de vedere Access, *sex* este modul în care te simți în acele zile când totul merge bine iar tu te simți nemaipomenit. Există o anumită energie care însoțește această stare. Știi că arăți bine, toți ceilalți știu că arăți bine iar tu calci țanțoș. Ai observat cum, în zilele acelea, ești mai dispus să primești de la toți cei din jurul tău? Ei bine, lipsa-sexului este exact opusul acestei stări. Cu alte cuvinte, lipsa-sexului este ne-primire.

Chiar dacă ai decis că nu vrei să devii ca părinții tăi, ai observat că creezi o situație financiară foarte similară cu a lor? Știi de ce? Pentru că, pe când erai copil, cu mult timp înainte de a înțelege banii, tu ai *cumpărat* de la ei gândurile, sentimentele, emoțiile și punctul de vedere al lipsei-sexului (lipsa-primirii) și ai funcționat din ele de atunci încoace.

> *Săptămâna viitoare, de fiecare dată când ai un punct de vedere despre bani, întreabă: „Cui aparține asta?" Mai poți întreba: „Este asta a mea sau a altcuiva?" Dacă devine mai ușor, trimite înapoi de unde a venit. Dacă devine mai apăsător sau dacă devine mai ușor și apoi devine mai apăsător, întreabă: „Cum am creat asta?" sau „Am cumpărat-o ca fiind a mea când nu era?" Tot ce este acest lucru, vrei să distrugi și să decreezi și să trimiți de unde a venit, cu conștiință atașată? Right and wrong, good and bad, POD and POC, all 9, shorts, boys, POVADs and beyonds.*

Când folosești aceste întrebări, vei începe să vezi lucrurile din viața ta într-un mod diferit. Vei începe să observi locurile în care ai un punct de vedere limitat cu privire la bani și vei vedea locurile în care ai un punct de vedere exuberant. Vei începe să dezvolți un mod diferit de a privi lumea și, deoarece punctul tău de vedere îți creează realitatea, vei începe să generezi ceva total diferit în viața ta.

Cele patru elemente ale generării abundenței

Cele patru elemente
ale generării
abundenței

Există patru elemente pentru a genera abundență:

1. **Fii dispus să ai bani**
2. **Generează bani – nu încerca să-i creezi**
3. **Educă-te în ceea ce privește banii și finanțele**
4. **Dezvoltă generozitatea spiritului**

Pentru a avea cu adevărat conștiință cu banii și pentru a genera abundență, trebuie să fii dispus să ai bani, trebuie să fii capabil să generezi bani, trebuie să te educi cu privire la bani și trebuie să integrezi o generozitate a spiritului în viața ta. Aceste patru aspecte vor face posibil ca tu să ai abundența pe care ți-ai dori să o ai. Vorbim despre fiecare dintre aceste patru elemente în paginile următoare și punem la dispoziție o mulțime de întrebări și alte instrumente pe care le poți folosi pentru a începe să generezi abundența în viața ta.

CAPITOLUL 4

Primul element al generării abundenței

• • •

FII DISPUS SĂ AI BANI

A avea bani versus a obține bani, a economisi bani și a cheltui bani

Îți place să economisești bani? Mie îmi place să economisesc. Și fostei mele soții îi plăcea să economisească. Venea acasă și spunea: „Dragul meu, azi am economisit 2.000 de dolari!"

Eu ziceam: „Serios? Cum ai făcut asta?!"

Ea răspundea: „Am cumpărat o rochie care avea prețul redus de la 2.800 de dolari la 800 de dolari."

Ca și fosta mea soție, mulți oameni identifică și aplică în mod eronat ideea de economisire. Ei cred că a economisi înseamnă a cumpăra ceva la solduri. Îmi pare rău dar asta înseamnă a cheltui. Cum ar fi să te uiți la banii pe care îi cheltui? Prietena noastră Simone a lucrat în vânzarea cu amănuntul. Ne-a spus că atunci când voiau să vândă un articol cu valoare de 80 de dolari scriau pe o etichetă suma de 350 de dolari, o tăiau cu o linie, scriau 250 dolari peste care trăgeau o linie, scriau 150 dolari, trăgeau o linie peste și apoi scriau 80 dolari. Oamenii intrau în magazin, se uitau la etichetă și spuneau: „Uau! Uită-te la jacheta asta de 350 de dolari acum e la 80 de dolari! O voi cumpăra." Și *economiseau* 270 de dolari.

A avea bani este diferit de a obține bani, a economisi bani sau a cheltui bani. A avea bani este un fel de a fi în lume. Este un nivel de energie care se simte ca și cum nu există lipsă în viața ta. Este senzația că ai alegere. Nu simți că trebuie să obții bani. A obține bani vine întotdeauna dintr-o senzație de lipsă. „Nu-mi permit asta. Am nevoie de asta. Nu pot obține asta. Nu pot avea asta." De fiecare dată când te gândești să obții bani, ești concentrat pe „insuficient". Funcționezi din ideea că nu ai destul – așa că trebuie să obții mai mult.

A avea bani înseamnă a nu funcționa dintr-o stare de deficit. Atunci când ești dispus să ai bani, ești capabil să îi generezi fără un efort special. Noi avem o prietenă care este un exemplu grozav în acest sens. Provine dintr-o familie bogată și nu a avut niciodată punctul de vedere că nu ar putea avea bani. De fapt, era pe deplin dispusă să aibă bani. A avut mereu foarte mulți bani. Obține joburi care o plătesc mai bine decât pe oricine altcineva. S-a căsătorit cu un tip care era foarte bogat și astăzi încă mai are o grămadă de bani. De ce toate acestea? Pentru că ea nu are niciun punct de vedere despre a nu avea bani. Dimpotrivă, ea poate să aibă bani.

Ai observat că oamenii cu bani par a obține mereu mai mulți bani? De ce? Pentru că oameni precum prietena noastră sunt dispuși să aibă bani; lor le plac banii. Sunt compatibili vibrațional cu banii și sunt atrăgători pentru bani, la nivel de vibrație. Banii se duc la ei. Banii găsesc lucrurile care sunt atrăgătoare pentru ei și, ceea ce este cel mai atrăgător pentru bani, este disponibilitatea ta de a-i avea. Dacă nu ești dispus să ai bani, nu vei primi bani. Văd constant oameni care spun „Vreau să cheltui bani." Nu au mentalitatea de a avea bani.

Unii oameni cheltuie bani tot timpul. Cheltuie la nesfârșit și, ghici ce? Nu au bani! I-au cheltuit pe toți. Când îți place să cheltui bani mai mult decât îți place să ai bani, nu vei avea niciun ban. Probabil că, dacă cheltui tot timpul, urăști banii. Oamenii care iubesc banii cu adevărat sunt dispuși să-i aibă și să-i cheltuie. Mulți dintre noi am crescut în perioada recompensei imediate și suntem dependenți de recompensa imediată. Când vrem ceva, ne așteptăm să îl avem pe loc. Nu e nimic greșit cu asta în sine dar face ca a avea bani să fie ceva dificil.

Unii oameni se plâng că trebuie să economisească bani. Spun lucruri precum: „Parcă aș fi un sclav al economisirii banilor" sau „A economisi bani nu este amuzant." Când aud acest lucru, îi întreb mereu: „Cum e atunci când muncești din greu pentru a obține banii cu care să plătești tot ce ai cumpărat luna trecută? Ești un sclav atunci?" Da, ești. Pentru asta există cardurile de credit. Pentru a putea cumpăra ce vrei, când vrei și să plătești mai târziu. Îți dai seama că plătești pentru viața ta – mai târziu? Adevărul este că trebuie să ai mai mulți bani decât poți cheltui înainte de a putea cheltui atât de mulți bani cât dorești. Cei mai mulți dintre noi nu suntem încă în acel loc – dar există o cale pentru a ajunge acolo. Primul lucru pe care trebuie să-l faci este că începi să aplici zeciuiala pentru tine însuți.

Zeciuiala pentru tine însuți

Dacă vrei să-ți schimbi situația financiară, trebuie să devii dispus să ai bani. O acțiune foarte importantă pe care trebuie să o întreprinzi este să pui deoparte suficiente economii pentru a putea funcționa în viață timp de șase luni în care nu obții niciun venit. Aceasta este una dintre țintele tale de început. Trebuie să fii capabil să-ți acoperi cheltuielile pentru șase luni fără să lucrezi. Pune banii la bancă sau la saltea sau oriunde vrei să-i pui dar aranjează-ți viața astfel încât să ai acea sumă la dispoziție. Odată ce ai acest lucru, nu-ți vei mai face griji despre chirie, utilități și cheltuieli lunare și vei începe să generezi mai mult în viața ta. Când nu ai acest lucru, ai tendința să te concentrezi pe „Nu am destui bani".

Cum pui deoparte suficienți bani pentru a acoperi cheltuielile pentru o perioadă de șase luni? Faci acest lucru aplicând zeciuiala pentru tine însuți. Pune deoparte zece la sută din fiecare dolar care vine la tine și pune-i într-un cont de economii pentru tine. Unii oameni spun că trebuie să dai zece la sută pentru biserica ta, să pui zece la sută deoparte pentru asta și pune zece la sută deoparte pentru ailaltă, după care pune zece la sută deoparte pentru tine. Nu. Întâi de toate pui zece la sută deoparte pentru tine. Zeciuiala pentru tine însuți este o onorare a ta. Este despre a-ți mulțumi ție pentru ce ai generat și creat. Apoi plătești facturile. Dacă faci acest lucru timp de șase luni, întreaga ta situație financiară va începe să se schimbe. Procentul de zece la sută începe să crească până când devine o sumă atât de mare încât nu te mai gândești la bani; continui doar să-i generezi.

Oamenii care nu au bani pun o foarte mare atenție pe a nu avea bani. Ei spun: „Trebuie să obțin bani" dar, odată ce ai bani, nu te mai gândești la bani.

Este o sumă de bani pe care o vei acumula punând deoparte procentul tău de zece la sută – posibil să nu știi care este această sumă – dar, atunci când ai atins-o, tot stresul și atenția asupra banilor vor dispărea. Pentru Dain, inițial, a fost 50.000 de dolari. Când a economisit 50.000 de dolari din procentul lui de zece la sută pe care îl punea deoparte, dintr-odată s-a simțit relaxat în privința banilor. Fără chiar să-și dea seama, el decisese: „Odată ce am 50.000 de dolari voi fi bine." Fiecare are o sumă. Banii pe care i-ai aplicat ca zeciuială pentru tine însuți îți oferă o conștientizare cu privire la cum este să ai bani. Când ajungi în acest punct, oricare ar fi situația ta, stresul cu privire la bani dispare iar tu generezi chiar mai mult, cu mai multă ușurință. Este vorba despre a găsi o nouă cale de a interacționa energetic cu banii și cu viața ta, care creează pentru tine posibilități cu totul noi.

O femeie mi-a spus odată: „Uneori mă înfurii pentru că trebuie să mă concentrez pe bani. Pot să ocolesc toată chestia cu banii și doar să primesc ce am nevoie?"

Am întrebat: „Poți primi aer fără să respiri?"
Ea a răspuns: „Nu."

I-am spus: „Același lucru se aplică și la bani. Banii sunt precum aerul: intră și ies. Când inspiri aer, o parte din el rămâne în sânge. Dar când banii intră, te descotorosești de toți. Nu păstrezi niciodată din ei în tine. Asta este o greșeală." Poți reduce din atenția pe care o pui pe bani punând acel zece la sută deoparte. Oamenii care au bani nu se gândesc la bani dar își amintesc să inspire profund din banii pe care îi au.

Economisește zece la sută din sumele brute – nu din cele nete. Dacă primești 100 de dolari, pune 10 dolari deoparte, orice-ar fi. Acest aspect este important pentru că întotdeauna poți să jonglezi cu sumele brute și nete astfel încât să nu pui deoparte procentul de zece la sută integral. Se numește *contabilitate creativă*. Nu te angrena în contabilitate creativă. Pune deoparte integral zece la sută din fiecare dolar care intră. Banii pentru care aplici zeciuiala pentru tine însuți nu ar trebui investiți în acțiuni sau ceva volatil. Ar trebui să fie în bunuri lichide: dolari, aur sau argint – ceva pe care îl poți vinde instantaneu. Vrei ca ele să fie lichide.

Oamenii ne întreabă dacă pot cheltui dobânda pe care o câștigă de pe urma acelor bani. Eu spun: „Da, o poți cheltui dacă ești tâmpit." Poți cheltui dobânda dacă dorești dar a cheltui dobânda nu dovedește că ești dispus să ai bani. Este despre a cheltui bani. Dacă ești mai concentrat pe ce poți cheltui mai mult decât pe ce poți avea, nu vei genera sume masive de bani. Întrebarea este: unde vrei să fii la sfârșitul vieții tale?

Oamenii mai întreabă dacă pot folosi procentul de zece la sută pentru a cumpăra ceva ce își doresc. Răspunsul este nu. Acesta este modul greșit de a te gândi la asta. În loc să cheltui ceea ce ai economisit, trebuie să întrebi: „Ce altceva pot să adaug vieții mele?" Altfel, ești blocat în vechiul punct de vedere „Asta este tot ce am."

Un participant la unul din cursurile noastre mi-a spus: „Dacă decid că trebuie să pun deoparte zece la sută în fiecare lună precum spui, și apoi văd ceva ce mi-ar plăcea și nu am banii pentru acel lucru, ce ar trebui să fac? De exemplu, să spunem că vreau să particip la un curs Access Success. Ce este mai important pentru mine? Acest zece la sută este o chestie abstractă. Nu știu ce înseamnă. Dar cursul poate fi benefic pentru mine – sau amuzant – așa că, ce fac? Îmi e greu să pricep acest lucru."

I-am spus: „Procentul de zece la sută este despre a te onora pe tine mai întâi. Nu-ți cheltui procentul de zece la sută pe cursuri Access. În schimb, întreabă: ‚Ce pot adăuga vieții mele pentru a crea mai mulți bani astfel încât să pot plăti acest curs Access?'" Vrei să adaugi vieții tale așa că generezi mai mulți bani și nu scoți din contul pe care l-ai constituit pentru a te onora pe tine. Nu vei obține mai mult dacă vei scoate din ceva ce ai.

Pune deoparte 10% din ce intră în afacerea ta

Dacă ai o afacere, îți recomandăm să pui și acolo zece la sută din tot ce intră în afacerea ta. Chiar dacă afacerea e pe pierdere iar tu trebuie să plătești datorii pentru a ieși din pierdere - și pare absolut imposibil să pui deoparte acel procent de zece la sută – fă-o chiar și așa. Eu am fost în acea situație. Afacerea mea era neprofitabilă iar eu am început să pun deoparte zece la sută din fiecare dolar care intra. Am împrumutat bani pentru a menține acea afacere dar am luat zece la sută din banii pe care i-am împrumutat și i-am pus într-un cont de economii. Și, în aproximativ șase luni, totul a început să ia o altă turnură. De ce a funcționat acest lucru? Percepe energia din „afacerea mea aflată în pierdere". Acum percepe energia din „am o sumă de x dolari în contul meu de economii al afacerii mele".

Care dintre ele este mai generativă?

La început, dacă aveam nevoie de 10.000 de dolari pentru a menține afacerea activă, împrumutam 8.000 de dolari și încercam să câștig restul. Asta nu crea energia potrivită. În final m-am deșteptat și am împrumutat 50.000 de dolari. Asta a generat un reviriment al afacerii. Aveam o perioadă de timp de cinci ani pentru a returna împrumutul, am oferit creditorilor o rată a dobânzii mai mare decât ar fi putut obține de oriunde altundeva și mă asiguram că împrumutul meu era întotdeauna prima factură pe care o plăteam – după ce puneam deoparte cei zece la sută, desigur!

Poartă bani în buzunar

Pe lângă zeciuiala pentru tine însuți, trebuie să porți mulți bani în buzunar. Când porți bani cu tine și nu îi cheltui, te face să te simți bogat. Simți ca și cum ai bani. Apoi, din ce în ce mai mulți bani pot apărea în viața ta pentru că tu spui Universului că ești bogat.

Stabilește o sumă de bani pe care tu, ca o persoană bogată, o vei purta mereu cu tine. Indiferent de sumă – 500 de dolari, 1.000 de dolari, 1.500 de dolari – poart-o la tine în portofel tot timpul. Nu ne referim la un card de credit gold. Asta nu e suficient. Plasticul nu e numerar. Trebuie să porți în buzunar bani numerar pentru că este vorba de a recunoaște bogăția care ești.

Eu port cu mine mereu două monede din aur. Fiecare valorează 843 de dolari așa că am mereu în buzunar 1.686 de dolari. Știu întotdeauna că am bani. Unora nu le place să aibă bani la ei pentru că le e teamă să nu li se fure. Le spun: „Când nu ești atent, s-ar putea să ți se fure. Dar dacă ai asupra ta o sumă considerabilă de bani, vei fi mai conștient de ce se petrece în jurul tău și nu-ți vor fi furați." Dacă porți mereu cu tine bani numerar, nu-ți permiți stupiditatea inconștienței care este ceea ce dă voie să fii furat. Vei fi întotdeauna conștient. Vei spune: „Am lucruri aici care valorează mult."

O doamnă mi-a spus la un moment dat: „Am fost într-o călătorie dar nu am luat cu mine bijuteriile originale pentru că eram cazată în zona cu reputație proastă a orașului și nu am vrut să risc să fiu - jefuită. I-am spus: „Scumpo, când ești într-o zonă dubioasă a orașului, poartă bijuteriile adevărate. Toată lumea va crede că sunt false pentru că niciun nebun nu ar purta lucrurile originale." Sigur, când faci acest lucru, trebuie să fii dispus să fii energia ucigașului, nu energia victimei. Vei cădea victimă celor care ar ucide dacă nu ești dispus să ai energia ucigașului. Vrei să fii rezultatul vieții sau generatorul vieții?

Elimină aceste cuvinte din vocabularul tău

Când oamenii sunt obișnuiți să aibă bani, ei au o perspectivă diferită asupra vieții. Nu există nicio senzație de lipsă în lumea lor. Energia lui *a avea* este parte din viața lor. Punctul lor de vedere este: „Ei bine, voi obține acel lucru, într-un fel sau altul." Așa este viața pentru ei. Există o abundență de bani. Punctul lor de vedere este: „Așa este viața." Ei continuă să genereze bani pentru că i-au avut întotdeauna.

Oamenii care nu au bani au o energie cu totul diferită în viața lor, energie care se învârte în jurul unei senzații de lipsă; ei folosesc cuvinte care exprimă starea lor de a nu avea suficient. Dacă ți-ai dori să devii bogat, iată șase cuvinte pe care sugerăm să le elimini din vocabularul tău: *de ce, a încerca, a avea nevoie, a vrea, dar* și *niciodată*.

Adesea, îi auzim pe oameni spunând: „Voi încerca să fac asta. Voi încerca să fac ailaltă." Duce asta la a face? De obicei, nu. Spune: „Voi încerca să mă ridic în picioare." S-a întâmplat ceva sau încă ai fundul bine lipit de scaun? Probabil că este încă lipit de scaun căci *a încerca* înseamnă *tentativa de a face ceva fără să reușești vreodată*.

> *Încerci să te ocupi de situația ta financiară fără a reuși vreodată? Tot ce este acest lucru, vrei să distrugi și să decreezi și să-l trimiți de unde a venit, cu conștiință atașată? Right and wrong, good and bad, POD and POC, all 9, shorts, boys, POVADs and beyonds.*

Un alt cuvânt pe care e important să-l elimini din vocabularul tău este *vreau*. Oamenii care au bani nu folosesc niciodată cuvântul *vreau*. *A vrea* are 27 de definiții diferite, toate însemnând *a-i lipsi*. Doar în ultimul timp a obținut înțelesul de *a dori* sau *a visa la*, și chiar și așa înseamnă a căuta ceva în viitor. Fii conștient că atunci când folosești *a vrea*, orice spui sau gândești își va face apariția în viața ta. Când spui: „Vreau mai mulți clienți", de obicei, rămâi cu mai puțini. Când spui: „Vreau bani", tu spui „Îmi lipsesc banii" iar acest lucru apare în viața ta.

În cursurile noastre despre bani, le cerem participanților să spună de zece ori „Nu vreau bani" și apoi îi întrebăm dacă se simt mai ușori sau mai apăsați. *Mai ușor* se referă la o stare de extindere și posibilitate și la un mai mare sentiment de spațiu. Probabil că vei zâmbi sau chiar vei râde în hohote. *Apăsarea* se referă la un sentiment de contracție, lucruri asupra cărora planează o greutate. Este o diminuată senzație legată de ce este posibil. Întotdeauna, adevărul te face să te simți mai ușor iar o minciună te face să te simți mai apăsat.

Încearcă. Spune de zece ori „Nu vreau bani".

Nu vreau bani.
Nu vreau bani.
Nu vreau bani.
Nu vreau bani.
Nu vreau bani.
Nu vreau bani.
Nu vreau bani.
Nu vreau bani.
Nu vreau bani.
Nu vreau bani.

Ce se întâmplă în cazul tău? Te simți mai ușor sau mai apăsat?

Un participant la unul din cursurile noastre a învățat acest instrument. A doua zi s-a dus la o repetiție cu formația lui și a spus de zece ori „Nu vreau bani". Câteva ore mai târziu, când el era încă la repetiții, un tip vine la el și-i spune: „Omule, îți eram dator o sută de dolari de atâta vreme. Am tot vrut să te plătesc și tot uitam" și i-a înmânat un cec pentru șase sute de dolari.

A avea bani nu este ceea ce ai de cheltuit. Nu este datoria pe care o acumulezi ca un mijloc de a demonstra că ai bani. A avea bani este disponibilitatea de a avea bani care stau pur și simplu acolo, fără un „scop". Vei ști când ai devenit dispus să ai bani – pentru că a-i avea va deveni mai important decât a-i cheltui. Nu te întinzi mai mult decât îți este plapuma. Te bucuri și trăiești confortabil cu ceea ce ai.

Prea mulți bani?

Dacă vrei să ai mulți bani, ceva în viața ta trebuie să se schimbe pentru a permite acest lucru. Are sens ce spun? Trebuie să spui: „Sunt dispus ca viața mea să arate diferit."

Dain spune că obișnuia să-și petreacă viața în starea *obține bani*. Întotdeauna avea doar suficienți bani. Apoi, într-o zi, s-a petrecut ceva neobișnuit. Erau mai mult decât suficienți bani pentru plata facturilor. Lucru pe care l-a resimțit într-un mod foarte ciudat. S-a gândit că e ceva în neregulă. Ce era *în neregulă* era faptul că stresul legat de bani pe care l-a avut o viață întreagă acum dispăruse. Avea prea mulți bani. Trăise toată viața cu ideea că era necesară o anumită sumă iar el va ajunge puțin peste această sumă sau puțin sub ea iar acest lucru nu va produce un stres. Dar, atunci când a depășit suma cu mult, a făcut „Ahhhh!" Dain spune: „Nu mai știam cum să mai fiu eu însumi. Nu mai aveam niciunul din acei parametri de a fi pe care îi avusesem când nu aveam mai mult decât suficienți bani."

Din fericire, făcuse suficient Access ca să știe că trebuia să pună o întrebare. A spus: „Stai puțin, ce fel de întrebare este ahhhh?" A întrebat: „Ce întrebare aș putea pune care mi-ar permite să văd această situație cu claritate și să am un alt punct de vedere cu privire la ea?" Întrebarea a fost: „Uau, ce s-a schimbat pentru mine și nu am recunoscut?" Odată ce a pus această întrebare, și-a dat seama că asta a fost ceea ce a cerut de când a început să practice Access!

Asta se întâmplă des cu oamenii. Generează o mare sumă de bani și apoi decid: „Asta nu poate fi bine. Nu ar fi trebuit să obțin această sumă de bani." O prietenă ne-a spus că a lucrat cu un client care mânca exagerat și la un moment dat i-a spus: „Mănânc ca să mă contract căci este inconfortabil pentru mine să fiu în stare expansionată." La fel poate fi cu banii. *Prea mulți* bani te fac să te simți inconfortabil în starea de expansionare. Ești obișnuit să fii contractat. Lucrul ăsta se întâmplă cu cei care câștigă la loterie. După cinci ani, 98% dintre ei sunt înapoi în punctul în care se aflau înainte să câștige. De ce? Pentru că stresul pe care îl au cu privire la bani și datorii este ceea ce ei consideră a fi viața lor. Orice altceva se simte străin, ciudat și inconfortabil. Nu sunt dispuși să trăiască fără sentimentul *nu e destul* pe care îl consideră a fi normal.

> *Câte născociri probatorii și DJCC-uri ai pentru a crea parametrii pentru suma de bani pe care ești dispus să o ai – sau să nu o ai? Tot ce este acest lucru, vrei să distrugi și să decreezi în totalitate? Right and wrong, good and bad, POD and POC, all 9, shorts, boys, POVADs and beyonds.*

Ce energie refuzi?

Unii oameni refuză să fie energia bogăției prin încercarea de a controla lucruri cu judecățile lor. Când l-am întâlnit prima oară pe Dain, lucra ca și chiropractician într-un cabinet foarte mic. El spune: „Cabinetul micuț era cel mai mare spațiu pe care mi-l puteam permite și, de asemenea, era cel mai mare lucru pe care îl puteam controla cu ușurință." Mulți dintre noi facem așa ceva. Alegem să avem cea mai amplă viață pe care știm că o putem controla, ceea ce înseamnă că refuzăm energia Universului care este extraordinară, abundentă și în afara controlului. Richard Branson deține aproape 300 de companii printre care Virgin Records, Virgin Airlines, Virgin Mobile și orice altă companie care conține cuvântul Virgin în denumire. Ai impresia că el controlează toate astea? Nu. Este dispus să se conecteze cu companiile lui și să le coordoneze dar nu încearcă să le controleze. Ar trebui să-și facă viața și afacerile foarte mici dacă și-ar dori să controleze totul.

Am lucrat cu o doamnă care avea foarte mulți bani. Își căuta o nouă casă. Într-o zi, în timp ce eram în mașină împreună, am zărit o casă și am întrebat-o: „Ce zici de casa aceea?"

> Ea a spus: „Ah, nu, e prea mare. Dacă ai o casă prea mare sau prea mulți bani nu-i poți controla."
>
> Am întrebat-o: „Îți dai seama ce limitare este acest punct de vedere? Au crescut sumele tale de bani în ultimii zece ani?"
>
> „Nu", a spus ea, „au scăzut."

În timpul celor mai buni ani ai economiei noastre, averea ei se diminuase. Suma de bani pe care o avea nu a crescut pentru că ea refuza să fie energia unei case mari sau a unor sume mari de bani. Ea credea că refuzând să aibă o casă prea mare sau prea mulți bani, ar putea avea controlul a ceea ce deținea. În schimb, limita ce ar fi putut primi. Când refuzi să ai o casă prea mare sau prea mulți bani, ai vreo alegere? Nu. Singura alegere pe care o faci este să nu-ți lași viața să crească.

Adesea, oamenii frânează energia banilor care vin în viața lor. Ei spun: „Bun, sunt confortabil cu suma de bani pe care o fac." Ce face asta? Împiedică banii suplimentari să vină – și oprește energia tuturor lucrurilor pe care ei doresc să le creeze și să le genereze.

Dacă te interesează să elimini blocajele din energia influxului de bani în viața ta, întreabă: „Ce energie refuz, care mă împiedică să am bani?" Întrebarea aduce la suprafață energia pe care o refuzi iar fraza de curățare o deblochează – ceea ce va da voie banilor să apară. Este un punct de vedere puțin diferit de concepția psihologică și metafizică unde punctul de vedere este: „Dacă măcar aș vedea, atunci aș putea schimba." Nu. Ai văzut o mulțime de lucruri care nu s-au schimbat. Doar pune întrebarea și folosește fraza de curățare. Nu este vorba doar despre conștientizare; este și despre a da voie energiei să se manifeste. De fapt, pui întrebarea pentru a scoate la iveală energia și apoi folosești fraza de curățare pentru a te debarasa de ea.

Ce energie refuzi, care te împiedică să ai bani? Tot ce este acest lucru, vrei să distrugi și să decreezi în totalitate? Right and wrong, good and bad, POD and POC, all 9, shorts, boys, POVADs and beyonds.

Fii dispus să percepi, să știi sau să primești totul

Așa cum am spus, dacă dorești să fii cu adevărat bogat și să ai totul – inclusiv exorbitante sume de bani – trebuie să fii dispus să primești totul. Trebuie, de asemenea, să fii dispus să percepi, să știi și să fii totul în viață. Orice altceva înseamnă a funcționa din judecată, care reduce abilitatea ta de a fi, a face, a avea și a primi totul.

Când lucram în imobiliare, aveam clienți care spuneau: „Am nevoie de o proprietate pe care să o renovez." Îi duceam la case care puteau fi renovate. Lor le displăceau profund acele case. Apoi îi duceam la case care aveau nevoie doar de un strat de vopsea și de mochete noi iar ei se cramponau de faptul că mochetele erau vechi și urâte. Nu puteau vedea nimic altceva în casă decât mochetele.

Le spuneam: „Ce zici despre structură? Uite ce tavane înalte și ce camere mari sunt. Privește acele ferestre extraordinare."

Ei răspundeau: „Care structură?" Nu o puteau vedea.

Sublimam faptul că acea casă era tot ceea ce ceruseră ei. Nu puteau vedea asta. Tot ce vedeau era mocheta urâtă.

Asta facem cu viețile noastre. Din cauza judecăților noastre, refuzăm să percepem, să știm, să fim sau să primim posibilitățile infinite care sunt disponibile. Nu vedem locurile extraordinare din viața noastră ce se pot *renova*. Tot ce vedem este mocheta portocalie decolorată. Când există ceva ce refuzi să percepi, să știi, să fii sau să primești, cât de mult efort trebuie să folosești pentru a ține acea energie în afara vieții tale? Megatone! Se impune o cantitate uriașă de energie pentru a menține în existență toate judecățile tale. Dar, când dai drumul acelor judecăți, energia Universului, inclusiv energia banilor, îți devine accesibilă.

Ce refuzi să percepi, să știi, să fii sau să primești care te împiedică să fii, să faci sau să ai ceea ce ți-ai dori în viața ta? Tot ce este acest lucru, vrei să distrugi și să decreezi în totalitate? Right and wrong, good and bad, POD and POC, all 9, shorts, boys, POVADs and beyonds.

CAPITOLUL 5

Al doilea element al generării abundenței

• • •

GENEREAZĂ BANI

Generare versus creare

Suntem învățați că materia, spațiul, energia și timpul sunt elementele de care avem nevoie pentru a crea orice în această realitate. Când funcționăm din punctul de vedere al acestei realități, folosim materia, spațiul, energia și timpul pentru a crea. Dacă construiești o casă, presupui că ai nevoie de spațiu unde să o creezi, care este terenul. Presupui că va dura. Presupui că ai nevoie de materie numită materiale de construcție. Și presupui că va implica un anumit număr de ore de muncă numite energie. Acestea sunt elementele ciclului creației.

Ciclul creației impune un influx continuu de energie în creație. Dacă nu o faci, în cele din urmă se destramă. Se încheie cu distrugere. Așa că, odată ce ai o casă, trebuie să o menții continuu. Trebuie să o vopsești frecvent, trebuie să îi repari acoperișul și trebuie să tunzi gazonul; altfel, totul începe să se dezintegreze. Și cine trebuie să depună acea energie? Tu.

A genera este diferit de *a crea*. *A genera* este o energie care aduce în mod continuu lucruri în existență. Ai avut vreodată unul din acele momente în care te-ai gândit la ceva și s-a concretizat instantaneu? Sau căutai ceva și a apărut imediat? Sau te gândeai la cineva și te-a sunat chiar în acel moment? Aceste experiențe sunt diferite de *creație*. Sunt *generare*.

Te încurajăm să te uiți mai degrabă la modul în care generezi bani în viața ta decât la cum să creezi mai mulți bani sau cum să faci mai mulți bani. Pentru a crea, trebuie să muncești. Trebuie să folosești materie, energie, spațiu și timp. Dar când generezi ceva, tu contribui la ceea ce deja există. În loc să te lupți cu ceea ce există deja, folosește-l și continuă cu ceea ce va genera mai mult. Lumea aceasta este deja creată așa cum este. De ce ai încerca să o reinventezi? A genera este cu mult mai ușor decât a forța ceva să apară. De fiecare dată când funcționezi în realitate contextuală, tu creezi, nu generezi.

Spre deosebire de conceptul științific pe care se bazează această realitate – ideea că totul este creat din materie, energie, spațiu și timp – elementele generării sunt energia, spațiul, conștiința și *prima materia*. *Prima materia* este sursa creatoare de bază care a dat naștere Universului. Nu presupune o moleculă; este conștiința care suntem noi. Dacă noi suntem conștiința în cauză și dacă folosim energia, spațiul și conștiința pentru a ne genera viața, atunci viața noastră devine amplă și fericită. Nu credem în ideea că trebuie să distrugem ceea ce avem pentru a crea ceva diferit.

Ce înseamnă asta este că energia, spațiul și conștiința reprezintă sursa pentru a genera orice ne dorim să avem în viață. Nu e necesar să creăm bani cu efort. Pentru a genera bani, trebuie doar să facem lucrurile diferit. Tu crezi că trebuie să muncești din greu pentru banii tăi? Banii sunt ușor de făcut dar toată lumea spune că trebuie să fie greu iar tu intri în acord cu ei și încerci să faci să fie greu să ai bani.

Dain și cu mine ne-am dori să te ajutăm să-ți amplifici abilitatea de a genera – nu abilitatea de a crea. Deja știi cum să creezi lucruri. Așadar, cum ajungi la energia, spațiul și conștiința care îți generează viața? În acest capitol îți vom oferi câteva instrumente pe care le poți folosi pentru a genera viața pe care ți-ar plăcea să o ai.

Generează-ți viața

A fost un moment în viața mea în care am simțit că am făcut totul în viață. Am spus: „Am avut mașină, am avut casă, am avut totul și am pierdut totul. Am declarat fiecare formă de faliment de pe fața pământului. Am trecut prin tot." Am înțeles ce este falimentul și am înțeles că a fost o alegere pe care am făcut-o. Mi-am zis: „Bun, deci ce voi face acum?" Habar nu aveam ce-mi doream. Știam ce își dorea soția mea, știam ce își doreau copiii mei și știam ce își doreau prietenii mei. Am pus toate astea la o parte și m-am întrebat: „Eu ce îmi doresc?"

Problema pentru mulți dintre noi este că suntem paranormali dincolo de visurile noastre cele mai îndrăznețe și știm mereu ce își doresc toți ceilalți și de ce anume au nevoie ca viață a lor. Dificultatea apare atunci când identificăm și aplicăm în mod greșit ceea ce își doresc și de ce au ei nevoie ceilalți, cu a fi ce ne dorim și de ce avem nevoie noi. A pune întrebări este cel mai bun mod de a depăși asta.

În cazul meu, am întrebat: „Cum mi-ar plăcea să arate viața mea?"

Am răspuns: „Ei bine, mi-ar plăcea să călătoresc cel puțin două săptămâni în fiecare lună. Mi-ar plăcea să fac cel puțin 100.000 de dolari pe an. Mi-ar plăcea să lucrez cu oameni interesanți. Mi-ar plăcea să fac ceva care, realmente, ar schimba lumea. Mi-ar plăcea să fac ceva de care să nu mă plictisesc niciodată. Mi-ar plăcea să amplific continuu o parte din viața mea și a celorlalți." Acesta a fost răspunsul complet pe care l-am găsit pentru ce îmi doream să creez ca viața mea.

Am simțit energia sau sentimentul a cum ar fi să am toate acele lucruri ca viață a mea. Am așezat acea energie în fața mea și am tras energie în ea de peste tot din Univers. Apoi, am lăsat firicele subțiri din acea energie să se ducă la toți oamenii care mă căutau și încă nu știau acest lucru. Am făcut asta cam o dată la trei zile pentru a putea să fiu în continuare conștient de cum se simte acea energie.

Observam orice oportunitate care apărea în viața mea și care se simțea precum energia aceea și o alegeam, fie că avea sens pentru mine sau nu. Într-o zi am primit un apel telefonic de la un tip din New York care dorea să fac un *masaj ghidat*. Habar nu aveam ce e ăla. Nu era ceva ce îmi doream în mod special să fac dar energia acestei solicitări se potrivea cu energia celor șase lucruri pe care le doream ca viață a mea. Așa că, fără să înțeleg ceva în plus cu privire la asta, am urmat energia. Am zburat la New York ca să lucrez cu tipul acesta – iar Access s-a născut din acea experiență. Energia ta, spațiul tău și conștiința ta de a ști ce dorești te vor conduce la ceea ce cauți. Trece dincolo de minte, care funcționează doar în construcția limitată a materiei, energiei, spațiului și timpului.

Așa poți ști ce să alegi în viața ta, fără să încerci să calculezi care este pasul următor. Ocolești răspunsurile limitate pe care ți le furnizează mintea și dai voie Universului să te anunțe care este pasul următor. Este un mod complet diferit de a-ți genera viața. Când am pus întrebarea: „Cum mi-ar plăcea să arate viața mea?", am dat voie celor șase lucruri care au ieșit la iveală să determine modul în care ar trebui să fie viața mea.

Trebuie să descrii ce ți-ai dori să ai ca și viața ta. Întreabă: „Ce vreau să fac cu viața mea? Ce vreau să fac în viața mea?" Dacă nu ai un răspuns la aceste întrebări, sfârșești într-un loc nebulos în care Universul nu poate să-ți contribuie. Nu știi unde să pui energia pentru a-ți genera viața. Nu știi ce să alegi. Tot ce alegi în viața ta ar trebui să se bazeze pe energia care ți-ar plăcea să fie viața ta. Dacă nu ai habar ce ți-ar plăcea să fie viața ta, nu ai idee ce să alegi sau unde să te duci, care este unul dintre motivele pentru care alegi ce au nevoie ceilalți, ce vor ceilalți și ce își doresc ceilalți în loc de ceea ce îți dorești tu. Dacă ceva ți se înfățișează, nu știi dacă se potrivește cu energia a ceea ce ți-ar plăcea să ai ca viață pentru că tu nu ai idee ce ți-ar plăcea să fie energia vieții tale.

Nu este: „Vreau un BMW roșu, decapotabil și o proprietate pe Riviera franceză." Nu asta cauți tu aici. Ceea ce cauți sunt toate elementele pe care și-ar plăcea să le ai în viața ta și energia care ar fi ele în viața ta. Asta nu este despre a-ți defini viața în termenii mașinii, casei sau familiei pe care ți-ar plăcea să le ai. Aceste lucruri apar ca parte a vieții tale – ele nu sunt sursa vieții tale. Noi cunoaștem prea multe persoane care au făcut din proprii copii sursa vieții lor dar apoi copiii lor au plecat de acasă pentru a-și crea propriile vieți iar părinții ajung să-i vadă de două ori pe an sau copiii ajung să nu-și mai poată suferi părinții și să nu mai aibă nimic de-a face cu ei. Asta este viața ta? Nu. Nu este despre lucrurile pe care le deții sau lucrurile pe care le ai. Nu este despre unde locuiești. Nu este despre ceea ce faci sau ce copii ai. Este energia, spațiul și conștiința care ești dispus să fii.

Remarcă faptul că vorbim despre energia care ți-ar plăcea să fie viața ta. Nu am menționat banii. De ce? Dacă ești dispus să ai și să fii energia a ceea ce ți-ar plăcea să fie viața ta, vei genera banii pentru a face acest lucru să apară.

> *Ce ar fi necesar pentru ca tu să fii dispus să trăiești energia a ceea ce ți-ar plăcea să fie viața ta, astfel încât ea să-și facă apariția pentru tine, în totalitate? Tot ce nu permite acest lucru și toate gândurile, sentimentele, emoțiile și lipsa-sexului pe care le folosești pentru a-ți refuza și respinge categoric viața și energia care ți-ar plăcea să fie viața ta, vrei să distrugi și să decreezi, te rog? Right and wrong, good and bad, POD and POC, all 9, shorts, boys, POVADs and beyonds.*

Rulează asta de treizeci de ori pe zi timp de treizeci de zile – și vezi ce se întâmplă în viața ta.

Gândește-te o clipă cum ar fi dacă nu ar exista limitări. Întreabă: „Dacă nu ar fi limitări – dacă aș putea alege orice – ce aș alege ca viață a mea? Dacă materia, energia, spațiul și timpul nu ar fi criteriul alegerii mele, ce mi-ar plăcea să construiesc ca viață a mea?" Dacă nu ar exista limitări de timp, bani sau abilități, ce ai alege? Dacă ai putea face ceea ce adori cu adevărat să faci, ce ai alege? Cu ce fel de oameni ți-ar plăcea să lucrezi? Ce venit de pornire ți-ar plăcea să ai? Ce fel de impact ți-ar plăcea să ai în lume? Ce sentiment emoțional sau energetic ți-ar plăcea să aibă viața ta? Nu există corect și greșit în aceste situații. Nu trebuie să alegi ce aleg eu. Ce ai alege dacă ar fi vorba cu adevărat despre viața ta? (Și este!) Ce ar fi expansiv pentru tine?

Dacă nu ar exista limitări de timp, bani sau abilități – dacă ai putea alege orice - ce ai alege ca viața ta?

_____

_____

_____

_____

Dacă nu ar exista limitări și ai putea face ceea ce adori cu adevărat să faci, ce ai alege?

_____

_____

_____

_____

Cu ce fel de oameni ți-ar plăcea să lucrezi?

_____

_____

_____

_____

Ce venit ți-ar plăcea să ai pentru început?

_____

_____

_____

_____

Ce fel de impact ți-ar plăcea să ai în lume?

_____

_____

_____

_____

Ce sentiment emoțional sau energetic ți-ar plăcea să aibă viața ta?

_____

_____

_____

_____

Acum că ai descris energia pe care ți-o dorești să o ai ca viața ta, fă următorii patru pași:

Percepe energia sau sentimentul a cum ar fi să ai toate lucrurile pe care le vrei ca viața ta. În acest moment probabil că nu ai habar cum se va întâmpla acest lucru. Întotdeauna va arăta diferit de felul în care crezi că va arăta. De aceea este important să nu încerci să gândești aceste lucruri. Doar percepe energia a cum s-ar simți să ai toate elementele pe care ți-ai dori să le ai în viața ta.

Odată ce ai energia a cum s-ar simți să ai toate aceste elemente în viața ta, pune această energie în fața ta. E posibil să fie de ajutor să o vezi sub forma unei mari mingi de energie. Acum trage energie în ea, din tot Universul. Observă cum inima ta se deschide când faci acest lucru. Continuă să tragi energie în această minge. Tragi energie din întregul Univers; o conectezi la întregul Univers. Continuă să faci acest lucru la fiecare trei zile ca să continui să fii conștient de modul în care se simte energia pe care o dorești.

Acum, lasă firicele din această energie să se ducă la toți oamenii care te caută și la tot ce te va ajuta să faci din asta o realitate pentru tine. Nu e necesar să știi cine sunt acești oameni sau unde sunt ei. Doar permite energiei să circule prin Univers pentru a ajunge la acei oameni.

Observă orice oportunitate care apare în viața ta și care se simte precum acea energie și alege-o, fie că are sens pentru tine sau nu. Energia, spațiul și conștiința ta despre ceea ce îți dorești te vor ghida către ceea ce cauți.

A urma energia. A urma energia este complet diferit de a-ți urma mintea pentru a înțelege lucrurile într-o manieră liniară. Când îți folosești mintea pentru a pricepe lucruri, tu faci liste cu avantaje și dezavantaje și te întrebi: „Unde este cel mai mare beneficiu? Unde voi câștiga? Unde voi pierde?" și alegi lucrul care pare să-ți ofere cel mai mare câștig. Această modalitate de a face alegeri nu are nimic de-a face cu a vedea energia din perspectiva a ce va genera ea în viața ta.

Când folosești metoda liniară de a decela avantajele și dezavantajele, cum se simte pentru tine? Presupunem că se simte apăsător pentru tine. Asta din cauză că, pentru a folosi această metodă liniară, trebuie să treci într-un loc de judecată și de ori/ori. Poți face asta - sau poți face cealaltă. Nu există nicio altă opțiune. Nu există alte posibilități. Nimeni nu ți-a spus niciodată că există o abordare cu privire la a face alegeri care îți permite să treci ușor și rapid prin viață, care îți dă voie să parcurgi cinci, zece sau cincizeci de mile cu fiecare pas pe care îl faci.

Cum urmezi energia? Să spunem că ai mai multe oportunități dintre care să alegi: A, B și C. Percepe rezultatul energetic sau sentimentul pe care fiecare alternativă o va crea în viața ta – și apoi alege-o pe cea care se simte mai mult ca energia din exercițiul cu mingea de energie. Ce rezultat energetic va avea loc cu fiecare variantă, în următoarele șase luni, următorul an și în următorii doi ani? Ce variantă produce energia cea mai expansivă și cel mai măreț sentiment de posibilitate? Care dintre ele are energia cea mai ușoară și mai veselă? Care se potrivește cu energia vieții pe care dorești să o ai? Alege-o pe aceea.

Asta înseamnă a-ți trăi viața din energia ei. Această energie este ceva de care poți fi conștient; este ceva cu care poți vorbi, este ceva ce poți mânui și schimba. Majoritatea oamenilor nu au nicio idee despre ce este viața lor – sau ce vor să fie ea. Dar, atunci când începi să te uiți la viața ta ca la o energie, începi să ai o conștientizare mai acută a posibilităților, a felurilor în care ea poate fi, a direcțiilor în care poți merge și a lucrurilor pe care le poți genera.

A face ceva în care nu crezi. Când faci ceva în care nu crezi, te epuizezi. Dacă nu crezi că ceea ce faci este valoros, bun sau potrivit pentru tine, ca rezultat vei pierde bani mereu sau vei deveni *mai-puțin*, într-un fel sau altul. Cu ani în urmă obișnuiam să vând marijuana. Credeam că e cool. După ceva timp, într-o zi, am constatat că aveam datorii egale ca valoare cu banii pe care îi făcusem vânzând marijuana. Mi-am dat seama că vindeam marijuana ca o formă de a face bani fără a trebui să muncesc dar nu credeam cu adevărat că era o idee bună. Am decis că trebuie să-mi schimb viața întrucât practicam intens droguri, sex și rock-and-roll dar acest lucru nu-mi crease o viață fericită. La fel ca și mine, mulți oameni iau decizia de a face lucruri despre care nu cred că sunt valoroase sau potrivite pentru ei deoarece cred că vor face bani fără să muncească. Asta nu este despre a fi etic. Și nu este despre a judeca ce e corect și ce e greșit. Este despre a fi conștient despre ce funcționează în cazul tău.

Fii mândru. Adesea, oamenii cred că nimic din ce fac ei nu are o influență în lume. Dacă ai acest punct de vedere, nu vei putea să-ți schimbi situația financiară sau viața. Refuzi să fii mândru de tot ceea ce ești, tot ceea ce faci și tot ceea ce ai. Iar dacă nu te mândrești cu ceea ce ești, atunci nimic din ce ai sau ce faci nu are nicio valoare.

Dacă faci artă grafică și nu ești mândru de lucrarea ta, o vei diminua și o vei pune în dulap. Nu vei arăta altora ce ai făcut. Dar nu ai cum să ai succes dacă nu arăți niciodată, nimănui arta ta! Trebuie să fii dispus să-i lași pe oameni să vadă ce ai făcut și să le permiți să aibă propriul lor punct de vedere în această privință. Trebuie să fii mândru de ceea ce faci. Dacă nu ești, nu vei avea niciodată succes cu acel lucru. Vei minimaliza ceea ce faci și o vei face să nu valoreze nimic. Nu este vorba despre trufia care prevestește prăbușirea, este vorba că, fără mândrie, nu poți avea eșecuri dar nici nu poți ajunge nicăieri.

Ce adori să faci? Ce anume adori să faci și pentru care crezi că nu poți fi plătit? Există ceva anume, care este talentul și abilitatea ta, pe care îți vine atât de ușor să-l faci încât presupui că nu ai putea fi plătit pentru acest lucru. Te gândești: „Nimeni nu m-ar plăti să fac asta! Este atât de ușor pentru mine încât toată lumea trebuie că poate face acest lucru." Ignori și refuzi abilitatea care îți va face cei mai mulți bani. Ai fost învățat că e valoros ceea ce este dificil de realizat așa că desconsideri orice este ușor și natural pentru tine.

Cu ani în urmă, când eram în industria de tapițerie, am remarcat că aveam talent în a vedea culorile clar și a le reține întocmai. Lucram cu cineva care avea un covor oriental și îmi arăta o culoare din covor și-mi spunea: „Vreau un scaun de culoarea aceea." După săptămâni sau luni de zile, mă aflam într-un magazin de țesături și vedeam exact culoarea dorită de persoana respectivă. O sunam și o întrebam dacă voia să cumpăr materialul pentru tapițarea scaunului lor. Îmi spunea: „Oh, da, te rog cumpără țesătura!" O cumpăram și i-o vindeam cu suma exactă pe care o plătisem și eu pentru ea. Ce abilitate aveam căreia nu îi dădeam importanță? Abilitatea mea de a vedea ceea ce alții nu pot vedea. Pentru mine venea atât de firesc încât nu am considerat niciodată că ar fi ceva pentru care m-ar plăti oamenii.

Trebuie să-ți pui întrebarea: „Ce anume ador să fac, pentru care presupun că nu mă va plăti nimeni niciodată?" Trebuie să faci ceea ce adori să faci. Ce îți place cel mai mult să faci? Poate că nu știi ce este, pentru că ai respins acest lucru cu ani în urmă.

Ce adori să faci?

_____
_____
_____

Ce este cu adevărat ușor pentru tine să faci?

_____
_____
_____

Ce este atât de ușor pentru tine să faci încât crezi că nu are valoare?

_____
_____
_____

Ce talent sau abilitate ai, pe care nu o prețuiești pentru că „oricine poate face asta"? (E posibil ca acest lucru să fie ceea ce îți va face cei mai mulți bani!)

_____
_____
_____

Iată un proces pe care poate ai vrea să-l rulezi de treizeci de ori timp de treizeci sau o sută de mii de zile:

Ce energie, spațiu și conștiință generative pot fi care mi-ar permite să percep, să știu, să fiu și să primesc contribuția infinită care sunt cu adevărat?

Odată ce începi să pui această întrebare vei începe să vezi că ai o energie pe care o poți contribui lucrurilor într-un fel diferit de cum poate te-ai gândit.

Sărbătorește-ți viața. Hedonismul reprezintă disponibilitatea de a căuta bucurie și plăcere în fiecare moment al vieții. Când ieși afară și plouă spui: „La naiba, plouă!" sau spui: „Uau! Ia uită-te ce plouă!" Când este o zi cu adevărat toridă spui: „Este al naibii de cald!" sau spui: „Uau, este o zi superb de caldă!" Hedonismul descoperă delectarea în totul. Este bucuria de a fi viu. Se opresc păsările din cântat pentru că este o zi înnorată? Nu. Ele cântă orice-ar fi. Și, spune copacul roditor: „Nu voi face fructe anul acesta pentru că nu-mi stă bine părul?" Nu, cu toții dăruiesc cu bucurie, tot timpul.

Trebuie să fii dispus să vezi în ce fel te poți amuza cu viața ta. Întreabă: „Ce aș putea adăuga vieții mele care ar face-o pe deplin distractivă pentru mine?" Nu este vorba despre mai mult timp liber. Nu de asta ai nevoie. Este despre ceva care îți face viața distractivă. Nu sunt sporturile extreme. Este despre a-ți sărbători viața.

Birgitta, o prietenă a noastră căreia îi place să se înconjoare de flori proaspete, ne-a spus că cineva i-a zis: „Uau, tu cheltui o grămadă de bani pe flori, nu-i așa?"

Birgitta nu s-a gândit niciodată în felul acesta și i-a răspuns: „Da, chiar îmi plac."

Apoi, persoana respectivă a întrebat-o: „De ce nu cumperi flori din plastic? Arată la fel tot timpul și dau mai puțină bătaie de cap. Ai economisi foarte mulți bani."

Birgitta nu vedea lucrurile așa. A răspuns: „Îmi place să mă înconjor de flori frumoase, proaspete. Îmi place cum arată și cum miros." Viața Birgittei este despre a face ceea ce se simte bine pentru ea. Ea își sărbătorește viața. Este ceva ce poți face și tu. Îți poți face viața o sărbătoare.

Când am divorțat, am obținut unul dintre cele patru seturi de veselă și unul dintre cele patru seturi de tacâmuri din argint veritabil. Am mai obținut două cești, câteva moșteniri de familie și tot surplusul de mobilier care se afla în subsol. Toate acestea plus o datorie în valoare de 100.000 de dolari. Asta a fost cota mea parte din căsnicie. Fosta mea soție a obținut jumătate de milion de dolari, altă jumătate de milion sub formă de bijuterii, nicio datorie și o grămadă de bani de la mine.

M-am mutat din casa noastră într-un apartament. Am pus vesela deoparte într-un dulap înalt gândindu-mă: „Pun asta deoparte pentru o ocazie specială." Devreme ce nu aveam niște argintărie obișnuită, am pus în sertar argintăria veritabilă și am început să o folosesc. Și apoi, uitându-mă la vesela de porțelan din dulap, mi-am zis: „Stai puțin. Sunt suficient de bătrân încât a mă trezi dimineața este o ocazie specială". Am decis să folosesc vesela de porțelan în fiecare zi.

A sărbători nu înseamnă a cheltui bani fără niciun rost. A sărbători este despre abordarea pe care o ai cu privire la viața ta. Viața ar trebui să fie o sărbătoare. Ar trebui să fie o experiență veselă în fiecare zi. Azi folosesc argintăria bună, vesela din porțelan de calitate, paharele din cristal și toate cele mai bune lucruri. Îmi imaginez că a fi în viață azi este motiv de sărbătoare.

Mulți dintre noi amânăm sărbătorirea propriei vieți în toate felurile în care putem. Credem că trebuie să fie o ocazie specială pentru a cumpăra flori, a bea șampanie sau a folosi vesela din porțelan. Cu ani în urmă, prietena noastră Mary, care avea 95 de ani la acel moment, locuia împreună cu noi. Se apropia Crăciunul și am întrebat-o: „Mary, ce ți-ai dori de Crăciun?"

A răspuns: „Mi-aș dori niște așternuturi din satin de calitate. Asta mi-aș dori!"

Ziua de Crăciun a sosit iar ea și-a deschis cadoul. A fost încântată: „Ce frumos, așternuturi noi! Sunt minunate! Le pun deoparte pentru o ocazie specială."

Am spus: „Mary, dacă te trezești dimineața este o ocazie specială. Și nu văd mulți bărbați furișându-se pe aici ca să-ți viziteze patul. Așa că nu pune așternuturile deoparte! Ar trebui să le folosești și să te bucuri de ele!"

Cât de mult din viața ta, câte născociri probatorii și câte DJCC-uri ai care nu permit vieții tale să fie o sărbătoare? Tot ce este acest lucru, vrei să distrugi și să decreezi în totalitate? Right and wrong, good and bad, POD and POC, all 9, shorts, boys, POVADs and beyonds.

A obține ceea ce îți dorești. O doamnă ne-a spus la un moment dat că își dorea să se mute la Paris, unde compania pentru care lucra avea o sucursală. A întrebat: „Cum pot face să se întâmple acest lucru?"

Am spus: „Trage energie în el."

Ea a întrebat: „Cum fac asta?"

I-am răspuns: „La fel cum faci atunci când flirtezi. Doar tragi energie." Adesea, oamenii au dificultăți cu această noțiune. De ce credem că nu știm ce înseamnă a trage energie? Ai un câine? Te face să te duci la ușă ca să-i dai drumul afară? Asta este a trage energia. Știi tu întotdeauna când pisica ta este de partea cealaltă a ușii și așteaptă să o lași înăuntru? Asta este tragere de energie. Poți să faci pe cel care prezintă ceva să te invite să pui o întrebare? Tu tragi energie.

Ea a spus: „OK! Pot să încep acum sau trebuie să merg la Paris?"

I-am răspuns: „Începe chiar acum. Continuă să tragi energie de la toți cei din firma ta care ar putea face ca acest lucru să se întâmple, până când nu mai pot să nu te observe."

Este pe deplin natural să tragi energie, mai ales dacă vrei ceva anume. Te-ai gândit vreodată că-ți dorești pe cineva și ai spus: „Oh, dragule, al meu ești?" Copiii fac asta foarte bine. Dacă ai uitat și vrei să înveți din nou, du-te la un loc de joacă pentru copii și uită-te la ei. Uită-te la cel care îți reamintește de tine. Privește-l cum trage energie. Când tragi energie, poți crea bule de șampanie în universul oamenilor. Cere corpului tău să continue să tragă energie chiar și atunci când faci altceva. Acesta este modul în care primești ceea ce îți dorești.

A genera bani în viața ta

Pentru a genera sumele de bani pe care ți-ar plăcea să le ai în viața ta, trebuie să te bucuri de ceea ce faci. Vedem oameni care se implică în ceva pentru că au decis că pot face ceva bani cu acel lucru sau au decis: „Asta va funcționa." Unde este întrebarea aici? Nu e niciuna.

Abordarea ar trebui să fie: „OK, îmi place să fac asta. Pot face bani cu asta? Bun. Câți bani pot face? Există o limită a ce pot face cu acest job, această tehnică sau sistem pe care îl am?" Dacă există o limită, și nu e nicio problemă că există acea limită, atunci trebuie să pui întrebarea: „Care este pragul maxim pe care îl pot atinge cu ceea ce fac?" Dacă sunt suficient de mulți bani pentru tine, atunci nu e nicio problemă. Dacă nu sunt suficienți, trebuie să întrebi: „Ce altceva aș putea fi, face, avea, crea sau genera care ar fi amuzant pentru mine și mi-ar face mai mulți bani?" Mai amuzant pentru mine și mi-ar face mai mulți bani. Asta este cheia.

Uneori vedem oameni care se bagă în ceva și încep să facă ceva bani iar apoi spun: „OK, acum fac bani." Unde este întrebarea aici? Nu e o întrebare. Este un răspuns: fac bani. Nu vedem des oameni care să pună întrebarea pe care ar trebui să o pună: „Îmi va face lucrul acesta toți banii pe care mi-ar plăcea să îi fac?" Dacă nu îți va face toți banii pe care ți-ar plăcea să îi faci atunci trebuie să afli ce poți adăuga vieții tale care te va aduce la nivelul sumei pe care ți-ar plăcea să o ai. Trebuie să întrebi: „Ce altceva pot adăuga vieții mele?"

În această perioadă economică, mulți oameni întreabă: „Ce pot să reduc în viața mea pentru a avea mai puține facturi?" Este o abordare obișnuită atunci când economia este în dificultate dar se mișcă într-o direcție distructivă. Este despre a-ți minimiza viața. Punctul de vedere pozitiv este: „Ce pot adăuga vieții mele?" Această întrebare va mișca lucrurile în direcția generativă. Nu este vorba despre a elimina lucruri care îți plac; este vorba despre a adăuga lucruri care te bucură și care îți vor face mai mulți bani. Există o mulțime de feluri de a genera bani care sunt chiar amuzante. Trebuie să fii dispus să știi că este posibil și apoi să le găsești.

Majoritatea oamenilor au punctul de vedere că a face bani este o corvoadă sau cred că e obositor sau că nu știu cum să o facă. Folosește unele dintre ideile, întrebările și instrumentele care urmează pentru a te ajuta să generezi mai mulți bani.

Ceri un preț suficient de mare? La unul din cursurile noastre, o doamnă ne-a spus: „Când eram tânără, aveam grijă de copii (babysitting). Încasam 50 de cenți pe oră. Într-o zi, i-am spus mamei: ‚Cred că voi cere 75 de cenți pe oră.' Mama a zis: ‚Oh, nu, nu-ți crește prețul! Dacă îți crești prețul nu te va mai angaja nimeni.'"

Ce părere aveți de acest sfat părintesc de rahat cu privire la bani? Mulți oameni cred această idee. Ei încasează mai puțin pentru serviciul sau produsul pe care îl oferă deoarece cred că nu-i va angaja nimeni dacă își cresc prețurile. Ei nu dau valoare muncii pe care o fac, produsului pe care îl creează sau serviciului pe care îl oferă. Ce obții atunci când faci asta? Obții clienți de calitate inferioară. Și ce obții când îți crești prețurile? În cel mai rău caz, obții mai mult timp liber. În cel mai bun caz, obții mai mult timp liber și clienți mai valoroși!

De nenumărate ori oamenii ne spun că și-au crescut prețurile și că, de fapt, au mai mult business acum că cer mai mult. O doamnă ne-a spus că atunci când și-a crescut rata orară, unul dintre clienții ei a zis: „Nu-mi pot permite asta." Ea a răspuns: „OK, te pot recomanda altcuiva." Dintr-odată, persoana respectivă și-a permis să o plătească.

Uneori, oamenii folosesc o scală pentru clienții lor. Concep prețul pe baza a ceea ce cred ei că își poate permite un client. Am făcut și eu asta o singură dată. O doamnă cu care lucram mi-a spus: „Sunt pensionară și nu am foarte mulți bani. Îmi poți face o reducere pentru că sunt pensionară?" I-am oferit o reducere. La plecare i-am spus: „Dă-mi voie să te conduc la mașină." Ea a spus: „Nu, nu, nu, nu e nevoie." Energia aceasta a fost ciudată așa că am ieșit pe ușa din spate, am ocolit clădirea și m-am dus la parcarea din față doar cât să o văd urcându-se în mașina ei Rolls Royce și plecând. Dacă oamenii nu vor să plătească cât cer, mă ofer să-i recomand altcuiva care este dispus să primească ceea ce sunt ei dispuși să plătească. Eu sunt valoros pentru mine iar timpul meu merită prețul pe care îl cer.

Dain spune că el a învățat că dacă oamenii nu sunt dispuși să-ți plătească prețul pe care îl ceri, nu vor fi dispuși să primească darul pe care îl împărtășești cu ei care este, din start, motivul pentru care faci ceea ce faci. Vrei să faci un dar pe care ei să-l primească. Nu este despre bani. El spune: „Când am început, încasam suma x pe sesiune. Cu trecerea timpului, am început să-mi cresc tariful și am descoperit că, cu cât ceream mai mult, cu atât oamenii primeau mai mult de la sesiunile pe care le ofeream. Dacă ceream de zece ori mai mult decât la început, oamenii primeau de zece ori mai mult."

Darul pe care îl oferi oamenilor, care este darul care ești tu, devine mai dinamic cu cât tu ceri mai mult. Nu mai există nimeni în lume care să facă ceea ce faci tu. Nu există concurență pentru tine. Nu este nimeni ca tine în toată lumea. E posibil ca cineva să facă ceva similar cu ceea ce faci tu dar nu există nimeni ca tine. Dacă cineva te vrea pe tine, te vrea pe tine și, orice sumă ai cere, doar te face mai valoros pentru ei. Dacă ceri mult, oamenii știu că trebuie să fii bun la ceea ce faci. Tot ce trebuie să faci este să livrezi un produs bun.

Dacă îți crești tariful, poate pierzi unul-doi clienți dar vei câștiga zece. Dacă ai propria afacere sau dacă faci ceva special pe care numai tu îl faci, trebuie să ceri o sumă care te face fericit să faci acel lucru. Nu munci pe bani puțini. Nu contează ce faci. Nu cere niciodată tariful standard. Nu este despre ce va suporta mulțimea; este despre produsul pe care îl creezi pentru ei și cât de mult te vei bucura de banii pe care ți-i vor da. Trebuie să știi că ești bun la ceea ce faci. Și, singurul mod în care oamenii vor ști că ești bun este dacă ceri o sumă mare de bani!

> *Câte născociri probatorii și DJCC-uri ai pentru a nu cere niciodată tariful pe care îl meriți și pentru a nu cere oamenilor o sumă de bani suficientă, astfel încât ei să dorească să arunce cu bani spre tine și să te plătească? Tot ce este acest lucru, vrei să distrugi și să decreezi în totalitate? Right and wrong, good and bad, POD și POC, all 9, shorts, boys, POVADs and beyonds.*

Caută oportunitățile. Sumele mari de bani nu sunt create prin transpirație; sunt generate din inspirație. În momentul de față ne aflăm într-o încetinire economică iar asta înseamnă că acum este momentul să ne uităm după oportunități în loc de dezastre. Trebuie să fii dispus să profiți de oameni care sunt suficient de stupizi să-și distrugă finanțele și să-ți dea ție o oportunitate; și există mereu cineva care e dispus să facă acest lucru.

Uneori, oamenii au nevoie să se descotorosească de lucruri pe care nu-și permit să le păstreze iar aceasta este o oportunitate de care poți profita. Poate trebuie să renunțe la o mașină deoarece îi costă prea mulți bani sau pentru că vor să cumpere altceva. Noi cunoaștem oameni care, din senin, au putut cumpăra mașini grozave cu foarte puțini bani. De ce? Deoarece foștii proprietari au trebuit să renunțe la ele. Au trebuit să-și scoată mașinile din coloana de riscuri financiare, astfel încât să poată cumpăra ceva ce ar fi fost pentru ei un activ (lucru valoros).

Tu presupui că trebuie să fii bun, corect și blând și să ai grijă de toată lumea. Ești dispus să renunți la uniforma ta de soră Nancy (N.T: persoană care se îngrijește de nevoile tuturor)? Renunță la necesitatea de a trata pe toată lumea în mod egal, echitabil și corect. Recunoaște că oportunitatea vine de la oameni care sunt dispuși să-și taie singuri beregata. Poate că vând ceva valoros la un preț mai mic decât valoarea lui. Unii ar spune că asta înseamnă a profita de acei oameni dar, a le da banii de care au nevoie, poate fi în definitiv un beneficiu pentru ei. Dacă au nevoie de 100.000 de dolari de pe urma unui articol care s-ar vinde în mod obișnuit cu 500.000 de dolari, iar tu ești acolo să oferi 100.000 de dolari, acesta este un dar pentru ei. Obiectul pe care îl cumperi poate că valorează 500.000 de dolari dar ei nu-l vor putea vinde nicicum pentru această sumă în climatul economic actual. Atunci când le oferi 100.000 de dolari poate că obții o reducere de 400.000 de dolari din valoarea obiectului dar, în același timp, poate că și ajuți foarte mult persoana respectivă. Dacă singurul lucru la care ești dispus să te uiți este „Profit de ei", vei rata o mare oportunitate. Iar persoana nu va primi suta de mii de dolari de care are nevoie.

Trebuie să dai persoanei de partea cealaltă a tranzacției propria alegere. Nu poți face alegeri pentru ea. Odată, am mers la o vânzare de chilipiruri și am observat o brățară cu un preț afișat de 15 dolari. Am luat-o în mână și am văzut că era marcată „aur de 14 karate". Mi-am zis: „Asta nu are cum să fie corect. Trebuie să coste cel puțin 115 dolari." Am întrebat-o pe doamnă: „Cât costă brățara?"

Ea a spus: „Costă 15 dolari. Și este din aur de 14 karate."
Am zis: „OK, vrei 15 dolari, iată 15 dolari."

A răspuns: „Oh, mă bucur mult că a cumpărat-o cineva care o poate aprecia."

După care am dus-o la un evaluator – valora 900 de dolari. Lucrul ciudat este că la acest eveniment se aflau cinci dealeri de antichități înaintea mea iar ei nu au cumpărat-o. Ei și-au imaginat că, la valoarea aceea, brățara era cu siguranță un fals.

Doamna a apreciat faptul că mi-a oferit un dar. Ea nu căuta bani; dacă ar fi căutat bani ar fi dus brățara la un amanet sau undeva unde ar fi primit bani buni pentru ea. Nu asta o interesa; ea doar își dorea să găsească pe cineva căruia să-i placă obiectul de care se debarasa ea. Ai putea crede că este greșit să profiți de o astfel de oportunitate. Dar este?

Un prieten mi-a spus o poveste similară. Se afla într-un supermarket în Japonia, cu ani în urmă. A văzut o sticlă de vin franțuzesc Margaux, vin care se vinde cu sute de dolari o sticlă. Aceasta avea prețul de 8 dolari. S-a dus la casă și a întrebat: „Ești sigur că este corect? Scrie 8 dolari."

Șeful de magazin a spus: „Oh, este din 1996. Este vechi. Ți-o las la 4 dolari."

Prietenul meu a avut dintr-odată o oportunitate care a venit din conștientizare. A fost conștient de vinul Margaux și de cât valora acesta. Punctul de vedere al managerului a fost: „Aceasta este o sticlă de vin vechi.

De ce naiba aș vrea asta? Nici măcar nu e făcută din orez. Doar proștii beau vin din struguri. Habar nu au ce e bun."

Noi presupunem că trebuie să educăm oamenii cu privire la lucrurile pe care le știm noi. Uită ideea că trebuie să educi oamenii! Aceasta este cea mai mare greșeală pe care o facem majoritatea dintre noi. Dacă oamenii nu ți-au pus o întrebare, nu doresc să știe. Vrei cu adevărat să jignești pe cineva? Încearcă să-i educi despre ceva în legătură cu care ei au decis că au dreptate.

Este diferit atunci când ai de-a face cu cineva care a făcut o greșeală când ți-a dat restul. Una este când cineva îți oferă ceva și e bucuros cu ceea ce primește, și alta când știi că persoana respectivă face o greșeală și va trebui să pună bani din buzunar.

Mie mi s-a întâmplat când i-am dat unui casier o bancnotă de 20 de dolari iar el mi-a dat rest ca de la una de 50 de dolari. I-am spus: „Scuză-mă, cred că ai greșit."

Iar el a spus: „Nu, mi-ai dat una de cincizeci."

I-am zis: „Nu, ți-am dat una de douăzeci."

A răspuns: „Nu, mi-ai dat una de cincizeci", și apoi s-a uitat în sertar și a văzut că a pus o bancnotă de douăzeci în secțiunea pentru bancnotele de cincizeci. Mi-a spus: „Oh, mulțumesc, mulțumesc, mulțumesc."

Nu încercam să acționez ca salvatorul lui; eram doar onest față de situația respectivă. Există o diferență între a înșela oamenii la bani și a recunoaște o oportunitate sau o afacere bună atunci când ți se prezintă.

Se pare că oamenii vor reguli rapide și clare despre ce e de făcut și când să fie făcut în loc să urmeze energia și să fie conștienți. Ei întreabă: „Care este regula pe care trebuie să o urmez pentru a obține mai mulți bani?" Răspunsul nostru este *conștientizare*. Te va face să te simți mai ușor să iei 100 de dolari de la un casier care face 8 dolari pe oră? Cine va trebui să-i pună la loc? Dacă îți urmezi conștientizarea, vei ști ce să faci. Întreabă-te ce va fi generativ pentru tine în viața ta. Conștientizarea este lucrul important. În condiții economice ca cele de față, conștientizarea deschide ușa către oportunități. Când ești conștient, vei ști ce direcție să urmezi; vei vedea ce se poate face; vei vedea ce oportunități sunt disponibile.

Este acum momentul? Înainte să începi să urmărești oportunitățile de care devii conștient, întreabă: „Este acum momentul să te inițiez?" sau „Este acum momentul să te institui?" sau „Este acum momentul să pun asta în mișcare?" A decide că „acum este momentul" nu înseamnă neapărat că acum este momentul potrivit dar, dacă pui o întrebare, poți stabili dacă este momentul potrivit sau nu. Vei avea o mulțime de idei înainte să fie momentul să le inițiezi. Dacă întrebi: „Hei, Univers, hei, proiect, hei, eu și conștientizarea mea infinită, este acum momentul să încep acest proiect?" nu vei începe un proiect când fundația lui nu este încă la locul ei. Uneori, lucrurile din univers trebuie să se rearanjeze înainte ca un proiect sau idee sau invenție să fie gata să demareze. Trebuie să afli dacă este momentul potrivit pentru a începe. Adesea auzim relatări despre oameni care erau înaintea timpurilor lor. Au avut idei frumoase dar lumea nu era pregătită pentru ele. Oamenii spun lucruri precum: „El a fost înaintea timpurilor sale" sau „Ideea aceasta a fost înainte de vreme".

Există o mulțime de exemple similare, cu oameni care au căutat să pună în aplicare lucruri înainte să le fi venit momentul, iar acele proiecte au trebuit să aștepte câteva secole înainte ca să poată prinde aripi și să aibă succes. Nu vrei să ți se întâmple asta. Nu vrei să depui eforturi pentru ceva care nu e gata să se întâmple decât peste douăzeci de ani. Așa că, pune întrebarea: „Este acum momentul să te inițiez?" Dacă primești un *nu*, spune: „Bine, dă-mi de veste când este momentul." Notează-ți ideea pe hârtie și pune-o într-un sertar sau într-o agendă pe care scrie „Uită-te din nou la mine peste o lună sau două". Întreabă proiectul, întrucât totul are conștiință: „Când trebuie să mi se reamintească despre tine?" Permite lucrurilor din viața ta să te ajute să generezi bani.

Acum douăzeci de ani, erau în vigoare anumite reguli financiare. Știai că dacă investeai în x, foarte probabil urma să crească cu suma asta; dacă investeai în y, foarte probabil urma să crească cu suma asta. În clipa de față, totul este în flux. O schimbare uriașă este în curs și cu schimbarea vine oportunitatea. Cu schimbarea vine și criza. Din perspectiva noastră, chiar acum ne îndreptăm spre criză ceea ce înseamnă că pe parcursul următorilor cincisprezece ani nu va fi prea mare creștere dar vor fi multe oportunități.

Punctul tău de vedere poate crea o posibilitate cu totul diferită. Alegerile pe care le faci pot crea o diferență uriașă în ceea ce apare pentru tine. În 1990, chiar înainte ca Irakul să invadeze Kuweitul, Dain era student și lucra la un dealer de mașini, vânzând mașini uzate, marca Chevrolet. Apoi a izbucnit primul război din Golf și piața auto a intrat în declin. Vânzările tuturor au scăzut dramatic cu excepția unui singur tip. Vânzările lui s-au dublat când ale celorlalți au scăzut cu 50%. Interesant este că el nu era un vânzător de succes. Acesta era un tip care se îmbrăca precum un vânzător de mașini uzate. Avea o halenă dezgustătoare și o mustață în care erau mereu resturi de mâncare.

După ce o lună de zile a văzut creșterea vânzărilor acestui tip, Dain s-a dus la el și l-a întrebat: „Ce se petrece? Cum se face că vânzările tale cresc vertiginos iar ale celorlalți au scăzut la jumătate?"

Tipul a răspuns: „Păi, oamenii tot trebuie să cumpere mașini."

Dain și-a dat seama că toată lumea a adoptat punctul de vedere: „Este recesiune. Este criză. Lumea nu mai cumpără mașini." Dar acest om de vânzări era dispus să aibă un punct de vedere diferit iar acest lucru a făcut toată diferența. Punctul lui de vedere i-a creat realitatea.

Întrebarea este: ce punct de vedere ți-ar plăcea să alegi cu privire la ce urmează? Ți-ar plăcea să te sabotezi cu punctul de vedere: „Totul se destramă. Voi fi deprimat la fel ca toți ceilalți. Nu voi avea niciun ban" sau ți-ar plăcea să ai punctul de vedere că vei găsi oportunitățile de a genera bani? Îți poți pune întrebarea: „Cum pot să mă descurc și să supraviețuiesc până când se ameliorează lucrurile?" sau poți să întrebi: „Cum pot să prosper, indiferent ce se petrece?" Este alegerea ta. Poți alege să privești lucrurile dintr-un punct diferit pentru a descoperi cum să generezi viața pe care ți-ar plăcea să o ai.

În timpul Marii crize economice, au existat oameni care au făcut o grămadă de bani. De exemplu, în industria de divertisment s-au făcut mulți bani. De ce acest lucru? Pentru că oamenii au vrut în continuare să se distreze. Erau dispuși să-și cheltuie pe divertisment banii câștigați din greu. În timpul Marii crize economice s-au înființat o mulțime de afaceri și multe dintre ele au prosperat și au crescut. În acea perioadă au devenit la modă magazinele care vindeau multe articole mici, la prețuri scăzute. Oamenilor le plăceau aceste magazine pentru că puteau cumpăra ceva pentru sume foarte mici, ceea ce aveau ei de cheltuit.

Noi nu vorbim despre a supraviețui sărac-lipit în timpuri dificile; vorbim despre a prospera în timpuri dificile. Înseamnă că acum este momentul să cauți oportunitățile mai degrabă decât dezastrele.

Ești unul dintre aceia care au trăit în timpul Marii crize economice iar acum ți-ai luat un alt corp dar încă ești concentrat pe a supraviețui crizei? Încă te afli în modul de supraviețuire și ești pe cât posibil în criză cu banii? Vrei să distrugi și să decreezi toate acestea? Right and wrong, good and bad, POD and POC, all 9, shorts, boys, POVADs and beyonds.

A pune întrebări

Așa cum am spus, tot ce există în Univers este conștient și totul te sprijină. Când alegi conștiința, vei începe să-ți dai seama că totul din Univers este conștient și fiecare moleculă te va susține în feluri în care nu ți-ai imaginat vreodată. Accesezi acest sprijin punând întrebări. Deoarece Dain și cu mine trăim în întrebare, primim constant, în moduri în care nu ne-am gândit că sunt posibile. Oameni, bani și lucruri apar pentru noi în feluri în care nu ne așteptăm niciodată. Vin dintr-un loc din Univers pentru a fi în viețile noastre. „Cum ai ajuns aici?" Iată câteva din întrebările pe care le folosim noi.

Dacă te cumpăr, îmi vei face bani? Ai decis vreodată că investind într-o casă sau o acțiune la bursă îți va face mulți bani? Dar ți-a făcut? Dacă pui o întrebare acțiunilor sau casei sau orice ar fi și asculți răspunsul lor, vei ști mereu dacă îți vor face bani sau nu. Întreabă: „Dacă te cumpăr, îmi vei face bani?" Dacă primești un da, îți va face bani.

Pune această întrebare oricărui lucru pe care te gândești să-l cumperi. Când faci asta, trebuie să-ți pui convingerile și dorințele deoparte pentru a putea primi răspunsul care vine spre tine de la lucrul pe care te gândești să-l achiziționezi. Dacă ai o convingere fermă că un obiect, să spunem un costum, îți va face bani oricum, nu vei auzi răspunsul costumului. Nu îl întrebi realmente: „Dacă te cumpăr, îmi vei face bani?" Dar dacă întrebi costumul și asculți cu adevărat răspunsul lui, îți va spune da sau nu. Nimic nu minte – cu excepția ta. Lucrurile nu mint. Asta înseamnă că le poți pune întrebări iar ele îți vor furniza informația pe care o soliciți.

Dacă mă gândesc să-mi cumpăr o mașină, pot să întreb mașina: „Îmi vei face bani?" Mă aștept ca ea să-mi facă bani în mod direct? Nu neapărat. Chestia asta nu evoluează întotdeauna în linie dreaptă. Energia fiecărui lucru pe care îl achiziționezi contribuie energiei întregului. Apoi, energia întregului generează banii pe care ți-ar plăcea să-i ai. Mașina ar putea fi mijlocul prin care ajung într-un loc unde voi face bani.

A pune întrebarea nu este despre a încerca să ajungi la o concluzie despre modul în care lucrul respectiv îți va face bani. Este despre disponibilitatea de a avea conștientizarea dacă îți va face bani sau nu. Eu folosesc această întrebare cu tot ce mă gândesc să cumpăr, inclusiv caii mei, obiectele de antichități, hainele, chiar și lenjeria de corp. Nu cumpăr lenjerie de corp dacă nu îmi spune că îmi va face bani. Nu sunt stripper așa că a-mi da jos lenjeria de corp nu-mi face bani dar sunt dispus să mă uit cum totul contribuie vieții mele. Și cu cât mai mult ești dispus să permiți lucrurilor să contribuie vieții tale și să-ți dăruiască orice energie au disponibilă, cu atât mai mult poți primi – și cu atât mai mulți bani poți avea. Dacă ți-ar plăcea să ai mai mulți bani, îți sugerăm să adresezi întrebări tuturor aspectelor din viața ta. Întreabă: „Lucrul acesta din viața mea îmi va face mai mulți bani?" Treci în revistă toată viața ta. „Lucrul acesta – orice ar fi – îmi va aduce el mai mulți bani?" Poate să fie o relație, comoda din camera ta, mașina sau toate aceste lucruri. „Îmi va face asta mai mulți bani?"

De asemenea, trebuie să știi ce anume îți poți permite. Dacă vrei să cumperi o casă care presupune un împrumut de 800.000 de dolari, trebuie să știi dacă poți aduce suficienți bani să-ți acoperi creditul ipotecar, impozitele și asigurarea. Trebuie să știi câți bani te costă traiul lunar pentru a putea stabili dacă-ți poți permite asta. Dacă iei un credit pentru ceva anume, trebuie să te asiguri că ți-l poți permite și că va fi ușor pentru tine să plătești ratele. Dacă a plăti ratele la o casă frumoasă te va stresa la culme, oare merită cu adevărat? Trebuie să întrebi casa: „Îmi vei face bani?" Chiar și în cazul casei în care ar urma să trăiești întreabă: „Dacă te cumpăr, îmi vei face bani?" Dacă vei închiria casa, întreabă: „Îmi vei face bani?" Pune întrebarea: „Îmi vei face bani?" tuturor elementelor pe care vei cheltui bani.

Va fi acest lucru profitabil? O alternativă la întrebarea „Îmi va face acest lucru bani?" este „Va fi acest lucru profitabil?" Zilele trecute am fost la cumpărături împreună cu o doamnă care lucrează pentru mine. În vitrina unui magazin de lux am văzut o rochie foarte frumoasă și am făcut-o să intre și să o probeze. Îi venea de minune. Am întrebat: „Va fi profitabil să-i cumpăr această rochie?" iar răspunsul a fost da, așa că i-am cumpărat rochia. În acel moment nu știam în ce fel va fi profitabil. Habar nu aveam cum va arăta acest lucru. După cum a ieșit la iveală, după ce i-am cumpărat rochia, pe care – la început – a fost dificil pentru ea să o primească, a trecut într-o altă dimensiune a primirii în universul ei și a început să genereze mai multe afaceri.

Cei mai mulți dintre noi vrem să știm cum va arăta „profitabilul" înainte să acționăm. Ne întrebăm: „Bine, și unde voi fi recompensat? Cum voi fi recompensat? Câți bani voi face?" Recompensele pot duce la bani dar nu vin neapărat sub formă de bani. Pot veni în multe feluri diferite și pot include faptul de a deveni mai conștient cu banii. Iată alte câteva întrebări pe care le puteți folosi.

Trebuie să te cumpăr acum? Să spunem, de exemplu, că te afli într-o librărie. Ți-ai dori trei cărți. Una este un roman, una este o carte despre afaceri și una este o carte despre erotică. Ai pus întrebarea: „Dacă te cumpăr, îmi vei face bani?" și toate cele trei cărți au spus da. Ai doar 50 de dolari și dacă cumperi toate cele trei cărți rămâi falit. Ce faci într-o situație ca asta? Întrebi: „Trebuie să te cumpăr acum?"

Vrei cu adevărat să mă deții? Cineva m-a întrebat: „Vreau să cumpăr ceva pentru că ar fi amuzant să dețin acel lucru dar atunci când l-am întrebat dacă îmi va face bani, a spus nu. Eu tot vreau să-l am; ar fi amuzant. Să merg înainte și să-l cumpăr?"

Răspunsul meu a fost: „Nu."

Dar este ceva ce poți face într-o situație ca asta. Întreabă: „Vrei cu adevărat să mă deții?" Dacă răspunsul este da, întreabă: „Pentru ce preț mi-ai face bani?" Îți va spune iar tu poți face o ofertă. Când fac acest lucru, în 99% din cazuri oamenii îmi acceptă oferta.

Recent, Dain mi-a spus că își dorește un covor la el în cameră iar eu i-am zis: „Au un covor Nickels chinezesc la magazinul cutare." S-a dus să se uite. Proprietarul cerea 3.500 de dolari care, spunea el, era redus de la 5.000 de dolari.

Dain a întrebat covorul: „Îmi vei face bani?" iar covorul a spus nu.

Dain își dorea covorul dar atunci când a spus nu, Dain a zis „OK, păcat".

Mi-a telefonat și mi-a spus: „Covorul a spus că nu-mi va face bani așa că nu-l voi cumpăra dar este atât de *cool*. Este singurul covor pe care l-am găsit care este măsura și culoarea perfecte."

Am spus: „Întreabă dacă există un preț la care ți-ar face bani."

El l-a întrebat: „La 3.000 de dolari îmi vei face bani?" Covorul a spus nu. Apoi a încercat: „La 2.750 de dolari îmi vei face bani?" Din nou, nu. În cele din urmă a întrebat: „Îmi vei face bani dacă te cumpăr pentru 2.500 de dolari?" Covorul a spus da.

Dain i-a spus proprietarului: „Știu că ai fost suficient de amabil încât să-mi faci un preț special pentru că îl cunoști pe Gary dar tot ce sunt dispus să cheltui este 2.500 de dolari."

Tipul a zis: „Accept."

Pentru 3.500 de dolari covorul nu i-ar fi făcut bani. Răspunsul a fost un nu clar dar, când a coborât la 2.500 de dolari, totul s-a deschis și s-a simțit cu adevărat bine să-l aibă la acel preț.

Când vorbești de fapt cu un obiect pe care te gândești să-l cumperi, constați că există o comunicare ce vine dinspre covor sau oricare ar fi articolul respectiv. Covorul știe la ce preț îl va vinde proprietarul. Tu nu știi. Covorul este dispus să fie mai inteligent decât tine.

Spune-mi când trebuie să te vând ca să-mi faci bani. Când te gândești să investești în acțiuni, aur, argint sau lucruri similare, trebuie să întrebi: „Îmi vei face bani?" Dar, odată ce faci o astfel de investiție, trebuie să fii conștient zilnic. Întreabă investiția: „Spune-mi când trebuie să te vând pentru a face bani cu tine." Altminteri e posibil să o deții prea mult timp și valoarea să scadă.

Noi cunoaștem o doamnă care a pus un tip să investească în numele ei. Era prieten cu ea. În decurs de două luni și jumătate, ea a făcut 70.000 de dolari dintr-o investiție de 10.000 de dolari. La un moment dat, ea a știut că trebuie să-și retragă banii dar nu a vrut să-și ofenseze prietenul deoarece îi făcuse atât de mulți bani. A menținut investiția cu toate că a știut că era momentul să vândă. În următoarele șase luni, valoarea investiției ei a scăzut de la 70.000 de dolari la 7.500 de dolari.

Ea primise informația: „Scoate-ți banii acum" dar nu a urmat-o. Atunci când faci investiții trebuie să fii conștient că există un interval de timp. Asigură-te că îți întrebi investițiile: „Spuneți-mi când să vă vând ca să fac bani."

Dacă ești consilier de investiții, te poți juca în acest fel ca să vezi dacă funcționează cu conturile clienților tăi. Întreabă: „Fonduri de investiții, spuneți-mi când este momentul să vă vând." Vinde o parte din fonduri atunci când ți se spune, și menține restul. Vezi care dintre ele îți fac cei mai mulți bani. Anul trecut, aurul a avut fluctuații de aproximativ 100 de dolari lunar. Dacă ai fi întrebat aurul: „Spune-mi în ce zi trebuie să te vând" și „În ce zi trebuie să te cumpăr" și ai fi făcut asta, ai fi putut face o grămadă de bani.

Este ca atunci când înveți o limbă nouă. Joacă-te cu asta și, pe măsură ce te joci, vei deveni mai abil în a vedea nuanțele și în a ști: „A spus nu" sau „A spus da". Dacă lucrezi continuu cu aceste întrebări, în cele din urmă vei deveni cu mult mai bun la a alege momentul potrivit pentru a cumpăra și a vinde.

Este ceva ce putem face cu tine pentru a te transforma în mai mulți bani? Ce ți-ar plăcea să devii? Este dificil pentru unii oameni să priceapă ideea de a avea bani. Ei văd bani care nu sunt investiți și gândesc: „Banii aceștia își pierd valoarea. Ar trebui să-i folosesc." Ei nu sunt dispuși să aibă bani. Cred că trebuie să facă ceva cu ei. Dacă ești într-o situație în care ai bani pe care ți-ar plăcea să-i investești într-un fel, este ceva ce poți face. Le poți cere banilor tăi să te ajute să faci mai mulți bani. Întreabă-i: „Este ceva ce putem face cu voi ca să vă transformăm în mai mulți bani? Ce v-ar plăcea să deveniți?" De asemenea, poți întreba un anumit lucru cu cât să-l vinzi.

Pentru ce sumă te vei vinde? Tu deții ceva cu adevărat? Nu. Îți deții mașina? Nu. De ce nu? Pentru că tu te duci la servici ca să o plătești, nu ea se duce la servici ca să plătească pentru tine. Ea te deține pe tine, nu tu pe ea. Tu nu-ți deții mobila, casa sau orice altceva pentru că tu ești cel care muncește pentru a plăti acele lucruri, a avea grijă de ele, a le curăța și a le lustrui. Tu ești servitorul și sclavul casei tale și al lucrurilor tale. Nu deții nimic. Tu ești administratorul tuturor lucrurilor. Asta este tot ce ești. Ești îngrijitorul. Ai control asupra acelor lucruri temporar. Nu le deții; doar ești în posesia lor în momentul acela. Este important să-ți fie clar acest lucru. Tu plătești pentru ele și muncești din greu să ai grijă de ele. Ar putea fi o idee bună să vezi dacă ele îți furnizează ceva. Mulți oameni, după ce se gândesc la asta, spun: „Nu vreau să lustruiesc argintăria și să șterg praful de pe mobilă!"

Le spun: „Atunci întreabă obiectele unde vor să se ducă, undeva unde oamenilor le va plăcea să le lustruiască. Sau angajează pe cineva care să aibă grijă de ele. Sau pune-le în cutie. Cumpără mobilă care nu trebuie să fie lustruită. Cumpără mobilă din oțel inoxidabil pe care nu trebui să-l lustruiești. Cumpără mobilă din aur. Nu e necesar să lustruiești aurul."

Unii oameni se bucură să aibă grijă de lucrurile lor. De obicei, mie nu-mi place să spăl vasele cu mâna dar îmi place să spăl vesela noastră de porțelan. Îmi place interacțiunea apei, spumei săpunului, mâinilor mele și veselei. Interacțiunea cu acele lucruri se simte bine și aduce ceva în plus vieții mele. A spăla lucruri îmi dă o senzație de pace, așa că mă bucură să am grijă de ele.

Dar dacă nu-ți place să ai grijă de ceva, întreabă-l: „Cu cât te vei vinde?" Dacă ai ceva pe care l-ai cumpărat fără să-l fi întrebat dacă îți va face bani, poți să-l întrebi: „Vrei să rămâi în viața mea sau există altcineva pe care ți-ar plăcea să-l deții?"

Apoi întreabă obiectul: „Cu ce sumă te vei vinde?"

Când vrei să vinzi o casă – sau orice altceva – pune mereu întrebarea: „La ce preț te vei vinde?" Eu întreb: „Va fi la 350 de dolari? 400 de dolari? 425 de dolari? 450 de dolari? OK, mai puțin de 450 de dolari. Va fi la 435 de dolari? OK, mai puțin de 435 de dolari. 432 de dolari? OK!" Acesta este prețul pe care îl vei cere.

Cunoșteam niște oameni care doreau să-și vândă ferma. O aveau pusă la vânzare de foarte mult timp, cu suma de 12 milioane de dolari și nu se vânduse.

> Agentul lor imobiliar a spus: „Trebuie să scădem prețul la 9 milioane de dolari."
> Eu am întrebat ferma: „La ce preț vrei să te vinzi?"
> Ferma a spus: „La 15 milioane."
> Vă imaginați fața agentului când oamenii au ridicat prețul la 15 milioane de dolari?
> Agentul a spus: „Nu puteți face asta!"
> Proprietarii au zis: „Ba da, putem. Creștem prețul la 15 milioane de dolari."

După două săptămâni au primit oferta integrală de la niște cumpărători care căutau o fermă exact ca a lor. Cumpărătorii deciseseră că ferma pe care o doreau ei va costa 15 milioane de dolari. Nu căutau în zona de 12 milioane de dolari. Ei voiau să plătească 15 milioane de dolari.

Pe cine dorești să deții? Ai casa la vânzare? Nu încerca să-ți vinzi casa, în schimb, cere-i casei tale să-și găsească noul proprietar – persoana pe care își dorește să o dețină.

Niște prieteni ai noștri căutau o casă nouă deoarece casa unde locuiau nu era suficient de mare pentru ei. Într-o zi au găsit un loc care avea un contract fiduciar pe termen de treizeci de zile dar ei încă nu-și scoseseră casa la vânzare.

Mi-au telefonat și au întrebat: „Ce facem?"

Am zis: „Cereți-i casei să comunice și să găsească persoana pe care vrea să o dețină. Apoi, trageți energie prin casă din tot Universul și lăsați firicele subțiri să plece către oamenii care o caută și o cunosc. Apoi, căutați un agent imobiliar."

După două ore, un agent i-a sunat și i-a întrebat: „Cumva casa voastră este de vânzare?"

După câteva zile, au avut o ofertă cu prețul integral, valabilă timp de treizeci de zile. S-au mutat cu ușurință dintr-o casă în alta. Acesta este un exemplu grozav de cum poți genera o posibilitate diferită atunci când ești dispus să pui întrebări și să funcționezi din energia lucrurilor.

Când ai o casă care dorește să dețină pe altcineva, pur și simplu trage energie prin ea din tot Universul apoi cere energiei pe care o tragi să trimită firicele către toți oamenii care o caută și nu știu asta. Apoi cere casei să egalizeze energia în momentul în care persoana pe care dorești să o dețină îi pășește pragul. Tragi energie din tot Universul, apare persoana *potrivită*, casa începe să trimită aceeași cantitate de energie persoanei iar persoana spune: „Oh, aceasta este casa pe care o căutam!". Recunoaște faptul că energia pe care o căuta este energia pe care o primește.

O doamnă ne-a spus că avea o casă în Florida care era pe piață de un an și jumătate. Ea a învățat despre egalizarea energiei când a participat la un seminar Access în Seattle și a început imediat să o pună în aplicare. Ziua următoare, cineva din New Hampshire, care nici măcar nu se afla în casă, a simțit energia. L-a sunat pe agentul doamnei și a făcut o ofertă pentru casă.

Folosirea întrebărilor în afacerea ta

Oamenii au tendința să-și pună în mișcare relația sau afacerea și apoi încearcă să o mențină la fel, gândindu-se că vor continua să obțină aceleași rezultate pe care le-au obținut până atunci. Dar nu așa funcționează. Trebuie să fii dispus să schimbi lucruri în orice clipă. Majoritatea afacerilor au o perioadă de viață de șaptezeci și cinci de ani, care reprezintă speranța de viață a unui om. De ce? Pentru că oamenii au o idee bună de afacere și încep să creeze pe baza ei. Apoi, decid că au ideea potrivită și nu schimbă nimic. Mențin totul la fel. La fel ne omorâm și corpurile. Dacă decizi că ai stilul alimentar *corect* și toate obiceiurile *corecte*, încetezi a mai interacționa cu corpul tău în momentul prezent. Iei o decizie despre felul în care trebuie să fie ceva și mergi mai departe cu acea decizie. Corpului tău poate i-ar plăcea să fie vegetarian doi-trei ani și apoi va spune: „OK, destul cu asta. Vreau ceva diferit." Așa mi s-a întâmplat mie. Am fost vegetarian trei ani și, într-o zi, am intrat într-un magazin de delicatese din New York iar corpul meu a strigat: „Friptură! Vreau friptură!"

Am zis: „OK, bine" și am comandat o friptură.

Chelnerul a întrebat: „Cum doriți să fie gătită?"

Am spus: „Crudă."
El a zis: „Nu putem face asta."
Am întrebat: „Care este varianta cea mai puțin gătită?"
A răspuns: „Un minut pe fiecare parte."
Am spus: „OK, atunci așa o vreau."

A fost mâncarea cu gustul cel mai bun pe care am mâncat-o în toată viața mea. Mai fusesem vegetarian și, când am revenit la carne, corpul meu a vomitat trei zile. Nu și de data aceasta. Friptura a fost exact ce și-a dorit corpul meu. Acum îmi ascult corpul iar el îmi spune ce vrea. Nu am punctul de vedere: „Mănânc asta, nu mănânc asta."

Același lucru se aplică afacerii tale. Dacă decizi: „Acesta este felul în care facem afaceri" stagnezi pentru că ieși din întrebare. Încetezi a mai face ce este nou; încetezi a mai crea. În cele din urmă, degenerezi în moarte. Asta se petrece des în companii mari. IBM, de exemplu, obișnuia să fie cel mai mare din industria de calculatoare și apoi, tot felul de companii mai mici care erau mai inovatoare, au intrat pe piață și i-au luat masiv din cota de piață. IBM a intrat în declin semnificativ. Într-un final, IBM a spus: „Hm, avem o alegere aici: ne schimbăm sau murim." Au angajat oameni pentru a vedea ce ar putea face diferit. Acum, cultura lor de corporație este complet diferită și, în fiecare domeniu în care au devenit inovativi, au început să crească din nou. În zilele noastre, funcționează mai mult precum Google decât marele, învechitul, conservatorul IBM.

Ce pot schimba care îmi va genera mai multe afaceri azi și mâine și în fiecare zi după aceea? A pune întrebări în afacerea ta te ajută să faci schimbările care o vor face vibrantă și generativă. O întrebare folositoare este: „Ce pot schimba care va genera mai multe afaceri azi și mâine și în fiecare zi după aceea?" Adesea, ceea ce schimbi va modifica afacerea pentru a o face mai viabilă din punct de vedere economic. Iar răspunsul nu este în mod necesar restructurarea, cu toate că ar putea fi. Nu spunem că nu ar trebui să renunți la ceva. Ar trebui să fii dispus să renunți la orice care trebuie să plece, indiferent ce este asta – fie că este o relație, angajați sau lucruri pe care le ai – astfel încât totul să contribuie vieții pe care ți-ar plăcea să o ai.

Uneori este potrivit să restructurezi, să concediezi oameni sau să le reduci salariile. Dacă te gândești să faci acest lucru, le poți da o șansă. Te poți întâlni cu ei și le poți spune: „În aceste condiții economice suferim și avem de făcut o alegere: putem fie să concediem o mulțime de oameni, fie să operăm o reducere a salariului pentru fiecare. Ai o preferință? Ai prefera să fii concediat sau să ți se reducă salariul?" Este uimitor câți oameni vor întreba: „Păi, nu putem face ceva care să genereze mai multe afaceri?" Aceia sunt cei pe care vrei să-i păstrezi! Dacă nu pune nimeni această întrebare, poate că ai angajații nepotriviți ceea ce înseamnă că a te debarasa de ei sau a le tăia salariile este ceea ce se cuvine să faci.

Dacă dau afară această persoană, va genera acest lucru mai mulți bani? Aceasta este o întrebare foarte folositoare pentru că există oameni care contribuie la energia afacerii tale chiar dacă par a nu face mare lucru. Și există alți oameni care par a face o grămadă dar, de fapt, îți distrug afacerea. Întreabă: „Generează această persoană mai mulți bani pentru afacere? A o păstra va genera mai mulți bani și mai multe afaceri sau a scăpa de ea va genera mai mulți bani și mai multe afaceri?" Acestea sunt întrebări importante întrucât restructurarea poate fi ceea ce trebuie să faci pentru a deveni mai viabil din punct de vedere economic – sau poate nu este acțiunea potrivită.

Va face această persoană mai mulți bani? Folosește întrebări și atunci când faci angajări. Întreabă: „Îmi va face această persoană mai mulți bani? Va contribui această persoană la conștiința afacerii mele?" Noi așa alegem când facem angajări.

Într-o zi, eram cu Dain la prânz în oraș și-l auzeam pe tipul care stătea la masa alăturată încercând să convingă o femeie să accepte un alt procent aferent vânzărilor ei. Tipul spunea: „Îți vom da 15% din vânzările tale anuale dacă depășesc un milion de dolari și 10% dacă sunt de 500.000 de dolari. Poți face o alegere. Pe care o vrei – 10% sau 15%? Dacă nu faci milionul de dolari îți vom da doar cei 10% chiar dacă vânzările tale depășesc 500.000 de dolari." Tipul o pregătea pentru eșec. Nu i-a oferit 15% din tot ce era peste 500.000 de dolari ci doar ce trecea de un milion de dolari. Dacă ea ajungea aproape de suma de un milion dar nu o realiza, era terminată.

Dain s-a dus la acest tip și s-a oferit să o consilieze gratuit pe femeie, având în vedere că era o zonă în care el își dorea să activeze. Tipul s-a înfuriat. A spus: „Eu sunt director de vânzări pentru o companie din topul Fortune 500!" Era furios că Dain s-a amestecat deoarece el descoperise cum să o înșele pe femeie și să-i facă munca mai dificilă. Asta fac multe companii. În loc să recompenseze persoana care contribuie afacerii, pedepsesc angajații pentru că nu ating un obiectiv despre care ei știu că nu poate fi atins, astfel încât să le poată plăti angajaților procentul mai mic. De ce nu ai vrea să recompensezi oamenii care lucrează pentru tine, în loc să-i pedepsești?

Întrebarea este: „Vrei să-ți generezi afacerea sau vrei să-ți distrugi afacerea?" Acest director de vânzări practic și-o distrugea pe a lui. Compania lui din Fortune 500 poate deveni în viitor o companie din Fortune 200.

Iată alte câteva întrebări pe care le puteți folosi pentru a genera bani în afacerea voastră. Vă vor ajuta să creați energia care generează viitorul afacerii voastre.

Ce pot face pentru a-mi crește vânzările?

Ce pot face pentru a-mi dezvolta afacerea?

Ce pot fi, face, avea, crea sau genera astăzi care va genera și crea mai mult business?

Ce poate afacerea să fie, să facă, să aibă, să creeze și să genereze astăzi care va genera mai multe afaceri acum și în viitor?

Creează viitorul

Dacă îți dorești cu adevărat să generezi bani în viața ta, trebuie să te uiți la ce vei genera azi și în viitor. Recunoști că, poate, nu ai toți banii pe care ți-ai dori să-i ai dar știi că ești dispus să ai o sumă de X dolari chiar acum și că îți dorești să generezi ceva diferit în viitor.

Generare înseamnă a fi scânteia sau bateria care menține totul în funcțiune. Dacă bateria iPod-ului tău se descarcă, el nu va funcționa. Dacă se descarcă bateria telefonului tău, ți se întrerupe convorbirea pe loc. Este ca și cum tu ești sistemul electric al vieții tale. Există o stare de creație continuă.

Noi vedem oameni care decid: „Dacă furnizez acest serviciu acestei persoane, el sau ea îmi va da bani." Bun, el sau ea îți va da bani. Dar trebuie să pui și întrebarea: „Va genera asta și ceva în viitor?" Nu multor persoane le trece prin minte să pună o întrebare ca aceasta. Ei fac lucrurile doar pentru ziua de azi. Nu se concentrează pe a genera în viitor. Oamenii cred că viitorul va avea grijă de el însuși. Aceasta este diferența între *a obține bani* și *a avea bani*. Dacă vrei să ai bani, trebuie să fii dispus să-i generezi atât azi, cât și în viitor. Pune întrebarea: „Dacă fac asta azi, ce va crea acest lucru pentru mine azi și în viitor?"

Finalizare versus contribuție. Vedem adesea oameni care spun: „Trebuie să obțin banii pentru a-mi plăti chiria" așa că merg și fac destui bani pentru a plăti chiria. Odată ce au făcut asta, încetează a mai folosi energia generativă.

Se gândesc: „Ah, asta s-a rezolvat. Am banii de chirie. Acum mă pot opri."
Nu așa stă treaba. Nimic nu este *rezolvat* în viața ta; tu îți rezolvi viața. Viața ta nu s-a încheiat atunci când finalizezi ceva. Această idee te pune într-o buclă start-stop. Când îți trăiești viața ca și când are puncte de finalizare în ea, tu reduci cantitatea de energie pe care o folosești iar fluxurile tale de bani se încetinesc, până când apare următoarea urgență și apoi începi să generezi frenetic.

Nu există *finalizare* în Univers. O moleculă sau un atom se termină? Niciodată. Energia nu poate fi distrusă; ea doar se modifică și se schimbă. Nu ai terminat nimic niciodată în viața ta. Doar ai creat posibilități noi. De fiecare dată când te uiți la ceva dintr-un loc nou, tu contribui unei posibilități noi în viața ta sau unui punct nou de plecare pentru a crea ceva mai măreț. Cum ar fi dacă, de fiecare dată când finalizezi ceva, ai vedea asta nu ca o finalizare ci ca o contribuție? În realitate, asta este. Tot ceea ce finalizezi este o contribuție pentru lucrul următor pe care îl generezi. Și merge mai departe; continuă să genereze. Mulți oameni au fost învățați să își ducă sarcinile „la bun sfârșit", ca și când finalizarea ar exista de fapt. E în regulă să duci la bun sfârșit lucruri dar, după ce faci asta, continuă să generezi. Întreabă: „Ce lucru mai măreț pot genera și crea acum?"

Suntem învățați că întotdeauna trebuie să facem ce e de făcut. „Ce ai de gând să faci azi?" Am făcut. Am finalizat. Eu am eliminat asta de pe lista mea. Obișnuiam să mă trezesc în fiecare dimineață și să întocmesc o listă de trei pagini cu lucruri de făcut. Lucram de zor pentru a face tot ce era pe listă dar îndeplineam foarte puțin deoarece focusul meu era pe finalizare mai degrabă decât pe generare. De îndată ce am început să funcționez în alt fel și să întreb: „OK, ce este posibil astăzi?" am fost în stare să văd ce dorea ziua de la mine să fac și să fiu, în loc de ce credeam eu că trebuie să fac și să fiu.

Oricât de paradoxal ar suna asta, atunci când ai multe lucruri în desfășurare și nu le finalizezi este pentru că nu generezi suficient. Nu se petrec destule lucruri în viața ta. Vei finaliza acele lucruri atunci când adaugi mai mult în viața ta. Întrebarea: „Ce pot adăuga astăzi vieții mele?" este despre generare. Este: „Ce altceva este posibil?"

A genera bani pentru ziua de azi este: „Am nevoie de bani pentru ratele la casă. Trebuie să am destui bani să plătesc ratele la mașină pe următorii cinci ani. Trebuie să am suma x. Trebuie să am asta, trebuie să am ailaltă." Dacă nu planifici pentru ceea ce vei avea mâine, nu vei genera azi pentru mâine. Doar te vei descurca azi. Asta nu înseamnă a-ți genera viața. Înseamnă a te concentra pe a obține banii de care ai nevoie azi, ca să te asiguri că nu pierzi ceea ce ai. Generezi tot timpul? Este viața ta într-un flux constant și o continuă creștere – sau este într-o buclă start-stop? Ceea ce vrei este ca viața ta să fie într-o creștere continuă.

O schimbare a acestei perspective schimbă felul în care privești lucrurile. Întreabă: „Cum ar fi dacă m-aș uita acum la modul în care alegerile mele îmi vor afecta viitorul în ceea ce privește banii?" Acesta este începutul. Schimbarea perspectivei îți deschide conștientizarea. Este ca și cum ai merge pe un drum și nu vezi nimic, nici în stânga, nici în dreapta pentru că tu ai decis că trebuie să privești drept înainte. Apoi, dintr-odată, ai o schimbare în conștientizare. Privești în jurul tău și spui: „Uau! Există lucruri la stânga mea și la dreapta mea pe care nu le-am văzut înainte." Perspectiva ta se lărgește atunci când decizi: „Nu îmi voi mai trăi viața doar azi. Voi institui lucruri care vor genera viitorul pe care mi-ar plăcea să-l am și de care să mă bucur." Poți păși în mai multă conștientizare și-ți poți schimba optica astfel încât să vezi ce este la stânga și la dreapta din perspectiva „nu doar acum dar și în viitor" și punând întrebări pentru a genera bani acum și în viitor.

Trebuie să înțelegi că modul în care generezi un viitor cu sume uriașe de bani este prin ce alegi în fiecare zi. Alegi pentru acum și pentru viitor. Nu poți să prinzi viitorul din urmă căci viitorul este mereu viitor. Acesta este motivul pentru care să întrebi: „Ce pot fi, face, avea, crea sau genera azi și în viitor?" Apropo, cu întrebarea asta ar trebui să-ți începi ziua.

Rezultate imediate. Mulți oameni se gândesc la bani în termeni de ieșiri și intrări. Ei cred că dacă revarsă ceva efort atunci vor primi imediat un rezultat financiar extraordinar – dar nu așa merg lucrurile. Acest punct de vedere devine o problemă deoarece, atunci când nu văd rezultate imediate, își invalidează abilitatea de a genera bani.

E posibil ca energia pe care o depui azi să genereze o sumă uriașă de bani dar e posibil să nu o vezi timp de șase luni. În timpul acesta, ai putea fi tentat să gândești: „Chestia asta nu a creat niciun rezultat. Nu am generat nimic astăzi. Asta înseamnă că nu va exista nimic mâine." Când tragi o concluzie ca aceasta, exact așa se va întâmpla. Ai decis că nu a funcționat, ceea ce înseamnă că și dacă avea să funcționeze peste șase luni, tu nu vei obține rezultatul. Distrugi rezultatul înainte să-l obții. Stopezi generarea pe care o pui în acțiune cu decizii precum: „Asta nu a creat niciun rezultat." Aceasta este una dintre diferențele majore între oamenii care au succes în afaceri și cei care nu au. Oamenii de succes nu trag acea concluzie. Ei continuă să întrebe: „Ei bine, ce a creat lucrul acela?" și „Ce altceva este posibil?"

Nu știi care va fi rezultatul alegerilor tale. Ai știut, acum zece ani, că alegerile pe care le făceai vor crea viața pe care o ai în prezent? Acesta este motivul pentru care trebuie să întrebi: „Ce pot fi, face, avea, crea sau genera azi care îmi va face bani azi și în viitor?" Trebuie să fii dispus să îl generezi azi și în viitor, simultan. Oamenii au tendința să gândească: „Aveam de gând să fac asta și nu a mers." „Nu a mers" înseamnă „acesta este sfârșitul." Oprește un flux energetic și toate posibilitățile viitoare. „Nu a mers" nu este în mod neapărat adevărat. Ce este adevărat este că nu s-a întâmplat încă. Vedem oameni făcând asta tot timpul. Trebuie să decreezi născocirile probatorii care rezultă într-o lipsă de răbdare și în indisponibilitatea de a aștepta ca, ceea ce ai generat, să își facă apariția.

Când am început Access, erau oameni care abia așteptau să participe la cursuri Access? Nu! Dar am început să stau de vorbă cu oamenii. Timp de șase luni de zile am telefonat fiecărei persoane pe care o cunoșteam și o întrebam ce mai face și ce se mai petrecea în viața ei. Nu am spus niciun cuvânt despre Access decât dacă persoana mă întreba ceva. Când îmi punea o întrebare, îi spuneam ce fac și întrebam: „Cunoști pe cineva care ar fi interesat de așa ceva?" Majoritatea spunea: „Nu, nu acum pe loc... Că a venit vorba, ce-ar fi să invit câțiva oameni iar tu poți face o demonstrație – și te ajut în acest fel." Vorbind cu oamenii, am creat viitorul. Nu am oprit niciodată energia. Am vorbit despre Access cu o doamnă timp de douăzeci de ani și abia acum a început să vină la cursuri. Tu ai acest gen de răbdare? Sau te gândești: „Dacă nu se întâmplă ieri, nu se mai întâmplă?"

> *Ai decis că intrările nu sunt la fel de rapide precum ieșirile? Toate născocirile probatorii și DJCC-urile pe care le ai pentru ca lucrurile să se întâmple astfel, vrei să distrugi și să decreezi în totalitate, te rog? Right and wrong, good and bad, POD and POC, all 9, shorts, boys, POVADs and beyonds.*

Cere imperios. Unii oameni își stabilesc continuu obiective. Ei spun: „Obiectivul meu este să am un milion de dolari în următorii doi ani." Problema cu setarea obiectivelor constă în faptul că obiectivele pot deveni limitări. Să spunem că decizi că vrei să ai un milion de dolari. OK, asta e. Ai un milion de dolari. Vei depăși această sumă? Nu. Asta deoarece *obiectiv* are sensul de linia sau locul în care o cursă sau o călătorie se încheie. Provine din engleza vorbită până la finalul secolului al cincisprezecelea, în care cuvântul însemna *graniță* sau *limită*.

Dacă îți atingi obiectivul și nu recunoști acest lucru, va trebui să distrugi ceea ce ai pentru a o putea lua de la capăt încă o dată, pentru a atinge același obiectiv. Pe de altă parte, o țintă este ceva în care poți ținti continuu. Dacă nu reușești să nimerești în centru, tot poți continua. Un obiectiv este o decizie; o țintă este o întrebare. OK, ce pot să țintesc? Este mai mult o alegere. Poți ținti la alte ținte. Poți avea ținte multiple.

Există oameni precum Tony Robbins care te învață că trebuie să-ți stabilești scopuri și să-ți creezi planuri pentru a putea atinge obiective. Ei spun că trebuie să ai planuri, scopuri și obiective pentru a crea o viață care arată ca x, y și z. Ce spun ei este: „Faci asta pentru a obține asta." Ai încercat vreodată să faci aceste lucruri? Cât de bine au mers ele pentru tine? Această abordare poate funcționează pentru oameni care tratează viața din perspectiva: „Voi face asta, asta, asta și asta pentru a-mi primi banii ca să pot ieși la pensie și să mor" dar majoritatea oamenilor descoperă că această abordare nu funcționează foarte bine. Asta nu are nicio legătură cu tine, când ești în viața ta și trăiești bucuria vieții. Singurul lucru care funcționează cu adevărat este să faci o solicitare fermă.

Când ajungi în punctul în care soliciți imperios, lucrurile se schimbă. Te-ai aflat vreodată într-o relație care nu funcționa pentru tine? Nu erai realmente fericit, dar nu voiai să o schimbi, așa că relația continua la fel. Și, în cele din urmă, într-o zi te-ai săturat și ai zis: „Asta trebuie să se schimbe. Ori se schimbă asta, ori mă sinucid. Nu-mi pasă care din ele." Și, dintr-odată, s-a schimbat. Aceasta este potența care are loc atunci când faci o solicitare fermă.

Vorbim despre a solicita ferm ceea ce dorești de la tine – sau de la afacerea ta. Nu vorbim despre a solicita ferm altora. Nu este despre a cere ca alți oameni să facă lucrurile cum trebuie sau să le facă corect sau să livreze ce ai tu nevoie. Singura persoană pe care o poți schimba realmente ești tu. Trebuie să-ți adresezi o solicitare fermă ție: „OK, până aici. Orice-ar fi, asta se schimbă."

Nu te judeci. Nu te critici și nu te învinovățești. Doar ceri ferm o schimbare de la tine. „Orice-ar fi, voi avea propria mea sursă de bani până anul viitor. Voi avea viața pe care mi-o doresc cu adevărat."

Trebuie să ajungi în punctul în care spui: „Nu voi mai trăi așa. Nu-mi pasă cum arată, va fi diferit." Nu încerca să repari ceva ce nu funcționează. Dacă ceva din viața ta nu funcționează, fă o solicitare fermă și fă ceva diferit. Solicitarea pe care o faci este ceea ce îți creează viitorul. „Cer ca, orice-ar fi, să îmi schimb situația financiară curentă. Va fi diferit." Nu spune: „Va fi mai bine." De ce? Pentru că *mai bine* este o judecată. *Mai bine* se bazează pe punctul de referință a ceea ce ai avut, pe când *diferit* nu se bazează pe niciun punct de referință. Trebuie să faci o solicitare că, orice-ar fi, vei crea un viitor diferit.

Când nu generezi ceea ce îți dorești în viață, vei inventa o mie de justificări pentru de ce nu o faci: „E prea greu", „Nu merge", „Am mai încercat asta o dată". Sunt justificările calea de a schimba lucrurile? Nu! Trebuie doar să faci o solicitare fermă: „Voi face asta, orice-ar fi." Când am ajuns în punctul în care urma să fac Access, am spus: „Nu-mi pasă ce e necesar, voi face acest lucru."

A te ruga să primești ceva e vrednic de milă. Pretinde-l. „Îl voi avea, și cu asta, basta." Ai fost vreodată la restaurant și te-ai rugat pentru un pahar cu apă: „Vă rog, domnul, îmi dați puțină apă?" iar chelnerul te-a ignorat? Ai cerut din nou: „Vă rog, domnul, îmi dați puțină apă?" iar el te-a ignorat. După care ai spus: „Aș vrea niște apă acum, vă rog!" Te-a ignorat? Nu. Aceasta este o cerere fermă.

Oamenii întreabă: „Fac cererea fermă către mine sau fac cererea fermă către Univers?" Răspunsul este: Ceri ferm, punct. Mie însumi și Universului. Tuturor. „Cer ca asta să se schimbe, acum."

A face o cerere fermă este primul pas. Apoi, trebuie să întrebi: „Ce va fi necesar pentru ca ... să apară în viața mea?" sau „Ce va fi necesar pentru ca să schimb asta?" Întrebarea deschide ușa pentru a vedea posibilități diferite. Când faci asta, lucrurile se vor îmbunătăți iar oportunitățile vor începe să apară. Banii vor veni la tine din locuri neașteptate.

Pune Universul să muncească în numele tău. Te neliniștește îngrijorarea care există acum la nivel mondial cu privire la bani? Nu știi ce să faci și cum să o depășești? Nu trebuie să fii influențat de aceste vremuri dificile din punct de vedere financiar. Trebuie să faci o cerere fermă. Spune: „Știi ceva? Destul cu a fi sub influența acestei chestii financiare care îi stresează pe toți și îi face pe oameni să vrea să se sinucidă. Viața mea se va schimba. Voi schimba aceste puncte de vedere pentru ca viața mea să fie diferită pentru mine." Când faci asta, tu pui Universul la muncă în numele tău și-ți pui conștientizarea să lucreze în numele tău astfel încât să poți schimba lucruri. Nu trebuie să știi cum să schimbi lucrurile în acest moment. Trebuie doar să faci cererea fermă: „Asta se va schimba" și apoi *cum* își va face apariția. Dar, până când nu faci cererea fermă, *cum* nu poate niciodată apărea pentru tine pentru că ești prea ocupat să crezi ideea că situația ta cu banii nu se poate schimba.

> *Ce cerere fermă nu-ți adresezi, care – dacă ți-ai adresa-o – s-ar manifesta ca prea mulți bani în viața ta? Tot ce nu permite ca acest lucru să apară, vrei să distrugi și să decreezi în totalitate? Right and wrong, good and bad, POD and POC, all 9, shorts, boys, POVADs and beyonds.*

> *Ce cerere fermă nu adresezi afacerii tale, care – dacă i-ai adresa-o – s-ar manifesta ca prea multă ușurință și prea multe posibilități? Tot ce nu permite ca acest lucru să apară, vrei să distrugi și să decreezi în totalitate? Right and wrong, good and bad, POD and POC, all 9, shorts, boys, POVADs and beyonds.*

Viața mea va fi mai mult în felul acesta. Pentru că Dain și cu mine folosim instrumentele pe care le-am descris mai sus, tot ceea ce cerem apare în viețile noastre. Unul din lucrurile pe care le-am cerut în ultimul timp a fost un scrin olandez cu capac de închidere și incrustații. Am hotărât că voi înlocui o piesă de mobilier care se află la mine în dormitor și voi pune scrinul în locul acela. Cealaltă piesă de mobilier este gata să plece din viața mea. De ce e gata să plece, habar nu am, dar este gata să plece. Așa că i-am spus: „Vrei să pleci? Nu faci asta până când nu îmi găsești un înlocuitor. Trebuie să-mi găsești un scrin olandez la un preț cu adevărat bun. Până atunci, ești legată de mine." Într-o zi voi intra într-un loc unde se va afla un scrin olandez la o sumă rezonabilă iar eu voi spune: „Îl cumpăr."

Recent, Dain și cu mine căutam un covor pentru biroul nostru. Aveam un covor mic acolo dar nu ne convenea și ne doream să umplem întregul spațiu. Am considerat că ne trebuia un covor de 9 pe 12. După trei zile, treceam cu mașina pe stradă și am văzut un covor pe marginea drumului, lângă o canapea veche. Erau gratuite pentru oricine dorea să le ia de acolo.

Eu am spus: „Covorul acela arată chiar frumos." L-am luat, l-am dus la curățat și l-am pus pe jos în birou. Arăta bine. Câteva zile mai târziu, un pictor a intrat în biroul nostru și a zis: „Uau! Acesta este un covor tibetan. Nu știam că le fac la dimensiunea asta." Super! Deci acum avem în biroul nostru un covor tibetan uriaș pe care l-am obținut gratuit. Noi nu căutam să avem un anumit gen de covor tibetan; voiam doar un covor care avea culoarea potrivită, mărimea potrivită și textura potrivită. Ne-a plăcut faptul că era gros și plușat. Scopul lucrurilor este să-ți îmbunătățească viața. Lucrurile pe care ți-ai dori să le ai vor veni în viața ta dacă ești dispus să ceri Universului să-ți arate oportunitățile. Ești dispus să faci asta?

Chiar dacă nu erai dispus să faci asta acum cinci secunde, ce zici chiar acum? Cum ar fi dacă ai citi povestea cu covorul și ai spune: „Viața mea va fi mai mult așa. Voi avea asta. Voi avea o viață de care să mă bucur cu adevărat"?

Există un proces pe care îl poți folosi pentru a te ajuta să dezvolți acest punct de vedere. Trebuie să-l folosești de treizeci de ori pe zi în următoarele șase luni.

Ce energie, spațiu și conștiință generative pot fi care mi-ar permite să fiu energia de a avea și a acumula bani, care sunt cu adevărat? Tot ce nu permite ca acest lucru să apară, vrei să distrugi și să decreezi în totalitate? Right and wrong, good and bad, POD and POC, all 9, shorts, boys, POVADs and beyonds.

CAPITOLUL 6

Al treilea element al generării abundenței

• • •

EDUCĂ-TE CU PRIVIRE LA BANI ȘI FINANȚE

Dacă vrei să creezi realitatea financiară pe care o dorești, este esențial să te educi cu privire la bani și finanțe. Cei mai mulți dintre noi nu am fost învățați nimic despre bani, cu excepția muncii din greu și a economisirii – și a fi secretos cu privire la orice are de-a face cu banii. Nimeni nu te învață cum să te descurci cu banii. În școală nu ți-au făcut niciun fel de educație despre bani. Familia nu-ți face educație despre bani acasă. Ești norocos dacă ești învățat cum să calculezi ce sume ai pe carnetul de cecuri. Unii oameni nici măcar nu știu cum. Ei merg pe aproximări. „Am aproximativ x bani în bancă." Apoi, după ce nu pot onora un cec, se întreabă: „Cum s-a întâmplat acest lucru?"

Există trei părți distincte și importante ale educării tale cu privire la bani. Prima este să începi să dai la o parte toată informația falsă – reziduurile – pe care le-ai preluat de la alții. A doua este să știi câți bani ai, câți datorezi, cât cheltui și cât trebuie să generezi în fiecare lună. A treia parte este să obții informațiile de care ai nevoie pentru a funcționa eficient cu banii în viața ta.

Mulțimile AEIOU – reziduurile pe care le-ai preluat de la alții

A   - reziduurile stupide pe care le-ai preluat de la alții
E   - reziduurile eronate pe care le-ai preluat de la alții
I   - reziduurile prostești pe care le-ai preluat de la alții
O   - reziduurile neplăcute pe care le-ai preluat de la alții
U   - reziduurile lipsite de valoare pe care le-ai preluat de la alții

Ți-au spus părinții cum să generezi și să creezi mulți bani? Sfaturile lor au inclus afirmații precum „Muncește din greu și economisește" sau „Cumpără lucrul cel mai ieftin?" De obicei, aceasta este suma totală a educației despre bani pe care o primesc copiii. Nu este realmente educație. Este fixarea în universul copiilor a unui punct de vedere, ca să adopte și ei aceleași puncte de vedere pe care le au părinții. Ideea este să-i facă să devină la fel precum părinții.

Când eram copil, mama îmi spunea - mie și tuturor celor care ascultau – că eu nu voi avea niciodată bani pentru că eram prea generos: „Gary nu va avea niciodată bani pentru că el își dă toți banii. El pur și simplu nu știe cum să țină de bani; este mult prea generos." Am rămas eu cu ideea că era greșit să fiu generos? Nu. Am rămas convins că îi voi demonstra că greșește. Dar așa sunt eu. Sunt neascultător și ilogic; îmi place să contrazic ce spun oamenii că voi face eu. Au încercat părinții tăi să te spele pe creier și să te convingă că ce credeau ei era o informație economică adevărată? O replică bună în familia mea a fost: „Dacă te privăm de ceea ce îți dorești, atunci vei învăța valoarea lucrurilor." Înainte să crezi mulțimile AEIOU ale părinților tăi, uită-te întâi la viețile lor. Au trăit ei viața pe care tu ți-ai dori să o ai? Dacă nu, atunci trebuie să te descotorosești de punctele lor de vedere!

Mulțimile AEIOU iau multe forme diferite. De exemplu, când crești într-un cartier cu oameni din clasa de jos, știi că nu ai voie să ai bani. Când crești într-un cartier al clasei de mijloc, știi că dacă muncești din greu și economisești mult, e posibil să ai ceva bani. Și atunci când crești într-un cartier din înalta societate știi că, dacă nu ești atent, vei pierde totul. Și, indiferent de cartierul în care crești, știi că despre bani nu se vorbește. Este secret!

Noi cunoaștem un tip care a crescut într-un cartier prosper al înaltei societăți evreiești. Toți cei din jurul său erau evrei dar familia lui provenea din cartierul clasei de mijloc a italienilor catolici. El a crezut punctul de vedere că doar evreii se îmbogățesc. Nu putea concepe un evreu care nu e bogat. Și, de vreme ce el nu era evreu, îi era clar că nu va fi niciodată bogat.

Am avut un prieten al cărui tată inventa lucruri. Tatălui îi plăcea să inventeze. Făcea o mulțime de bani cu una dintre invențiile sale și apoi îi dădea pe toți. Apoi inventa altceva. Într-un an, toată familia locuia într-o vilă iar anul următor într-o cocioabă. Anul următor erau din nou într-o vilă și în următorul an, erau într-o cocioabă. Acesta era ciclul vieții lor. Prietenul meu a crescut cu ideea că ai parte fie de festin, fie de foamete. Din nefericire, tatăl lui a murit subit după ce a dat gratis o afacere de 10 milioane de dolari. Drăcie! Deci familia nu mai avea niciun ban. Era foamete.

O altă prietenă ne-a spus că, pe vremea când urma școala postuniversitară pentru doctoranzi, a crezut în ideea budistă a non atașamentului precum și în opinia marxistă că toți ar trebui să fim la fel iar societatea de consum este sursa tuturor relelor. Acum se miră cum toate deciziile ei cu privire la bani i-au afectat situația financiară.

Există, de asemenea, grămezi de reziduuri pe care le absorbim energetic la o vârstă foarte fragedă. De exemplu: mulți dintre noi avem părinți care nu au dus-o bine din punct de vedere financiar când au fost tineri – aproximativ perioada în care ne-am născut noi. Dacă asta este adevărat pentru tine, atunci, între vârsta de zero și doi ani, într-o perioadă în care nu percepeai nicio diferență între tine și părinții tăi, ei se luptau din punct de vedere financiar. Când ești copil, ești paranormal. Captezi vibrația a ceea ce se întâmplă în jurul tău; dacă oamenii din jurul tău se zbat sau au dificultăți atunci tu percepi că viața pare a fi o luptă. Din nefericire, după aceea, mulți dintre noi blocăm în viețile noastre această percepție despre viața ca o luptă. Ducem mai departe lupta financiară a părinților noștri și menținem limitările pe care le-au avut ei pe vremea când noi eram foarte mici.

Acestea toate sunt grămezile AEIOU.

Ce ți-au spus părinții despre cum să generezi și să creezi foarte mulți bani? Fiecare grămadă AEIOU pe care ai „cumpărat-o" de la părinții tăi, vrei să o distrugi și o decreezi în totalitate? Right and wrong, good and bad, POD and POC, all 9, shorts, boys, POVADs and beyonds.

Fiecare grămadă AEIOU pe care ai „cumpărat-o" de la părinții tăi, religia ta, vecinii tăi sau clasa socială, vrei s-o distrugi și s-o decreezi în totalitate? Right and wrong, good and bad, POD and POC, all 9, shorts, boys, POVADs and beyonds.

Finanțele tale personale

Nu te vei instrui cu privire la bani citind paginile financiare ale ziarelor. Cele mai multe teorii economice se bazează pe ideile economiștilor despre consum și datorie și, ceea ce îi interesează, este cum să mențină consumul – cum să mențină consumul astfel încât economia să continue să funcționeze. Trebuie să te educi cu privire la ce înseamnă a avea bani – nu cum să funcționezi în sistemul ofertă și cerere al teoriei economice, lucru despre care vorbesc paginile financiare. Asta nu înseamnă a te educa în ce privește banii. Asta înseamnă a te alinia cu oile la jgheabul unde au suficientă mâncare.

Îți sugerăm să abordezi altfel educația personală. Primul lucru pe care trebuie să-l faci este să afli câți bani ai, cât datorezi, cât cheltui și cât trebuie să generezi lunar.

Câți bani ai? Analizează situația carnetului de cecuri ca să știi câți bani ai. Fii întotdeauna conștient de situația ta financiară.

Care este valoarea activului tău net? Cât valorează bunurile tale? Îți dorești să ai bunuri căci bunurile reprezintă fundația averii tale. Până când nu ai bunuri, care au o oarecare valoare intrinsecă în lumea altora, nu ai baza pentru așa-numitul *activ net*. Activul net este ceea ce obții când aduni bunurile (activele) și scazi datoriile (pasivele). Coloana de active ar trebui să fie mai mare decât coloana de pasive. Dacă nu este, atunci ești în dezechilibru și acesta este un lucru pe care trebuie să-l schimbi.

Adună valoarea a tot ceea ce deții. Trebuie să fii conștient de câți bani ai de fapt și să vezi dacă sunt suficienți pentru tine. Unii oameni sunt fericiți cu aproape nimic. Pentru ei e în regulă să aibă o casă și o mașină pentru care plătesc. Se simt în siguranță deoarece au un acoperiș deasupra capului și nimeni nu-i poate da afară sau nu le poate mări chiria. Ei nu se întreabă dacă aceste lucruri sunt bunuri (active) sau datorii (pasive). Dar acesta este un aspect la care tu trebuie să te uiți.

Mulți se tem că dacă își analizează situația financiară vor fi atât de îngroziți încât nu se vor putea mișca și totul va deveni mult mai rău. Asta înseamnă să funcționezi din anticonștiință. Ei refuză să fie conștienți de situația lor cu banii. Dar, odată ce ești conștient de ce este cu adevărat, atunci poți schimba. Dacă vrei să mergi la Tokyo, trebuie să știi dacă te afli în Singapore sau în Montana. Trebuie să știi unde te afli pentru a ști în ce direcție să te îndrepți.

Plătești rate la casă? Cât valorează casa ta, dacă ar fi să o vinzi astăzi? Ce sumă datorezi pentru ea? Dacă ar fi să o vinzi, ai rămâne cu bani după ce plătești comisionul agentului imobiliar și toate cheltuielile aferente vânzării? Plătești rate la mașină? Poate că spui: „Oh, am o mașină grozavă" și e în regulă așa – doar că trebuie să știi că valoarea ei scade de la an la an. Suma pe care o datorezi pentru ea scade cu aceeași valoare cu care se depreciază mașina? Cel mai adesea, doar în ultimii doi ani din cei cinci ani pe care ai făcut împrumutul începi să plătești valoarea împrumutului. Până atunci, plătești dobânda. Trebuie să te uiți la aceste lucruri și să pricepi cum stă situația de fapt.

Care este valoarea celorlalte lucruri pe care le deții? Eu investesc mare parte din banii mei în antichități pentru că îmi plac și îmi oferă multă plăcere. Dacă am o zi proastă, mă plimb prin casă și adun valoarea a tot ceea ce dețin și aș putea vinde la cel puțin jumătate din valoarea cu care le-am achiziționat. După ce privesc în jurul meu suficient de mult timp spun: „Ah, e în ordine!" Știu că am suficient.

Bucuria banilor nu este atât despre a-i cheltui, cât este despre a avea totul din jurul tău cu o valoare intrinsecă. Asta este parte din educația ta cu privire la bani. Dacă te interesează arta, atunci înconjoară-te de obiecte de artă cu adevărat bună. Începe să te educi cu privire la ce înseamnă arta bună, care este valoarea ei și începe să o colecționezi. Înconjoară-te de lucruri care au o vibrație estetică ce se potrivește cu a ta.

Care este costul lunar al vieții tale? Când spunem că trebuie să te educi, nu ne referim la a ști cum să bugetezi. Nu este despre a nu avea un buget. A trăi într-un buget este o idee grozavă dar ce legătură are asta cu a genera bani? Vrei să ai un buget doar în sensul că vrei să știi câți bani trebuie să generezi. Bugetarea nu te ajută să-ți creezi viața dar te ajută să-ți pui viața în contextul a ceea ce ai. Nu vrei doar să corespunzi cu ceea ce ai. Vrei să-ți creezi viața, să-ți crești viața și să-ți duci viața pe culmi mai înalte. Observi diferența?

Și cu toate acestea, trebuie să te așezi și să scrii cât te costă traiul lunar. Asta include chiria, utilitățile, benzina, hainele, distracția și alte cheltuieli lunare. În plus față de asta, adaugă zeciuiala pentru Templul care ești tu.

Dacă ai un partener, fie faceți asta împreună, fie o faceți separat. Dacă o faci separat, trebuie să întrebi: „Partenerul meu pune toți banii de care are nevoie lunar sau trebuie să-i suplimentez eu venitul?" Dacă așa stau lucrurile, atunci adaugă această sumă a venitului suplimentar cu care contribui pentru a face lucrurile să meargă.

Una dintre fostele mele soții cheltuia ultimul ban înainte să-l fi primit. Mi-am separat finanțele de ale ei dar mă suna periodic și-mi spunea: „Ai 900 sau 9.000 de dolari în plus? Banca nu-mi validează cecul și trebuie să-l acopăr." Ea nu a avut niciodată în viață fonduri suficiente pentru a acoperi un cec și banca i-l respingea.

Mi-am dat seama că trebuia să am x dolari în contul meu pentru a acoperi cecurile pe care nu ea le putea acoperi lunar. A existat un moment în viața noastră când cheltuiam între 1.300 și 3.000 de dolari anual în costuri cu cecuri neacoperite. Acesta este un exemplu de situație în care trebuie să faci o solicitare fermă. Când ajungi la punctul în care spui: „Asta se schimbă", se schimbă. În acest moment, nu știi cum se va schimba; nu contează cum se va schimba. Mai întâi fă solicitarea fermă – apoi își face apariția și *cum*-ul. „Până aici! Îmi schimb această parte de viață. Nu voi mai arunca acești bani pe fereastră."

A înțelege cât te costă traiul lunar îți permite să vezi unde cheltui bani. Să spunem că, lunar, cheltui 8.000 de dolari pe haine. Te poți întreba: „Chiar îmi trebuie haine de 8.000 de dolari în fiecare lună?" Dacă răspunsul este nu, întreabă-te: „Există vreo cale prin care aș putea restructura asta pentru a avea mai puține plăți, mai puțini bani care ies și mai mult venit?"

Cineva m-a întrebat: „Cum trăiești în abundență fără să cheltui bani?" A fi abundent nu este despre a nu cheltui bani, este despre a recunoaște unde dorești să-ți cheltui banii și ce obții din asta. Acesta este motivul pentru care îți cerem să vezi câți bani sunt necesari pentru traiul lunar.

Banii mei versus banii ei sau ai lui. Când vorbim despre a cheltui bani, persoanele care se află într-o relație ne întreabă adesea despre „banii mei" versus „banii lui" sau „banii ei". Uneori ei se simt legați de partenerul lor și incapabili să ia singuri o decizie legată de bani. De fiecare dată când cheltuie bani, trebuie să se gândească la cealaltă persoană dacă ar fi de acord sau nu, iar acest lucru îi face să se simtă inconfortabil. Îi încurajăm pe oameni să aibă conturi separate, pe lângă cele comune, pentru a avea libertatea de a alege orice își doresc. Și, cu toate acestea, pentru unii nu este ușor. Și, da, atunci când ești într-o relație și împarți banii, trebuie să iei în calcul cealaltă persoană.

Dacă ai o relație bună, puternică, cel mai adesea, tot ce trebuie să faci este să discuți cu partenerul tău și să spui: „Hei, am găsit acest lucru pe care mi-ar plăcea să-l am. Ar fi în regulă pentru tine dacă aș cheltui suma x pentru a-l achiziționa?" De cele mai multe ori, cealaltă persoană va spune da. Ține doar de modul în care exprimi ce ți-ai dori să ai și de a ține cont de sentimentele ei sau ale lui.

Când eram căsătorit, soția mea cheltuia în fiecare weekend 2.000 de dolari pe haine. Cumpăra haine pentru mine, haine pentru copiii noștri și haine pentru ea. Nu a întrebat niciodată dacă era în regulă – doar făcea ce dorea cu banii și asta a fost partea care a distrus relația noastră. Nu m-a inclus în alegerile ei cu privire la bani.

Mă îngrijora ce sume cheltuite de ea trebuia să acopăr, ce avea ea nevoie și ce urma să aibă nevoie copiii. Știam ce urma să aibă nevoie angajații mei dar pe mine nu m-am inclus niciodată în ecuație. Nu am cheltuit niciodată bani pentru mine. Am simțit că este, oarecum, greșit. Acea reticență de a cheltui bani pentru tine se numește autoîndatorare și, când faci asta, ajungi să te faci să fii fără valoare. Nu vrei să te faci să fii fără valoare în relație.

Nu face greșeala, chiar înainte de a vorbi cu partenerul tău, de a decide: „El sau ea nu mi-ar da voie să cheltui această sumă de bani, așa că nu o pot avea." Nu e vorba că nu o poți avea. Este vorba despre a ține cont de punctul de vedere al partenerului tău. Pur și simplu spui: „Mă gândesc la lucrul acesta. Ar fi în regulă din punctul tău de vedere?" Probabil că partenerul tău vrea și el să-ți dăruiască. Nu te scoate pe tine din ecuație, dar nu-l scoate nici pe el sau nu o scoate nici pe ea. Vrei să te asiguri că această achiziție îți expansionează viața cu adevărat și că ai suficiente fonduri să o plătești fără să creezi un risc. Toate cheltuielile ar trebui să-ți expansioneze viața într-un anumit fel; nu ar trebui să o contracte.

Notează-ți toate cheltuielile pe care le faci. Mulți oameni aruncă banii pe fereastră; fac cele mai ciudate lucruri cu banii. Practic, nu folosesc banii pe care îi au. Așa faci și tu? Dacă, timp de o săptămână sau o lună, îți notezi pe ce cheltui banii, e posibil să ajungi la o conștientizare nouă cu privire la ce faci cu banii. Cheltui 3 dolari pe o cafea pe care o lași să se răcească și apoi o arunci după trei înghițituri? Cumperi o gogoașă pe care nici măcar nu o vrei? Așa vrei să-ți cheltui banii? Cât de des faci chestia asta? Acest fel de a cheltui banii nici măcar nu se bazează pe ce îți dorești și nu-ți oferă nicio satisfacție sau plăcere. Dacă vrei cu adevărat să te educi cu privire la bani, cumpără cartea lui Jerrold Mundis numită „How to Get Out of Debt, Stay Out of Debt and Live Prosperously" (*Cum să ieși din datorii, să rămâi fără datorii și să trăiești în prosperitate*). El oferă niște instrumente pentru ca să te clarifici cu privire la ce faci cu banii tăi. Este o carte perfectă? Nu. Dar te va ajuta să devii conștient de ce anume cheltui și cum cheltui, astfel încât să înțelegi unde ți se duc banii. Trebuie să-ți fie clar unde se duc banii. Nu poți spune: „Vreau să am mulți bani dar nu vreau să schimb nimic în viața mea."

Câți bani trebuie să generezi? Când îți calculezi cheltuielile lunare vei avea o conștientizare cu privire la câți bani trebuie să generezi. Unii oameni generează bani pentru ceva anume. Ei spun: „Am nevoie de acest lucru" și generează bani pentru acel lucru dar uită de chirie. Apoi spun: „Oh, am uitat de chirie" și generează bani să plătească chiria. Odată ce au plătit chiria, uită să genereze altceva. Mulți oameni nu au habar câți bani trebuie să genereze. Poate că nu știi câți bani ți-ar plăcea să ai. Când vei avea o imagine de ansamblu a costurilor pe care trebuie să le acoperi pentru cheltuieli lunare, inclusiv hainele tale și toate celelalte, atunci vei ști ce să ceri. Majoritatea oamenilor nu cer Universului ajutor în crearea fluxurilor lor de bani. Trebuie să fii foarte clar cu privire la ce îți trebuie. Și apoi, cere ajutor.

Banii reprezintă benzina de care ai nevoie pentru ca motorul tău să meargă. Dacă nu ai suficient venit, vei fi limitat în ceea ce poți realiza. Dacă nu ceri sumele de bani de care ai nevoie pentru a ajunge acolo unde îți dorești să ajungi, ghici ce? Vei rămâne fără bani, înainte să ajungi unde voiai. Pentru a primi, trebuie să fii dispus să ceri. Cere și vei primi. Este citat din Biblie. Este adevărat sau este o minciună? E adevărat. Trebuie să ceri. Dacă nu ceri, nu primești.

Ce va trebui să fiu, să fac, să am, să creez sau să generez pentru a avea această sumă de bani pe lună, cu ușurință totală? Să spunem că duci acasă, lunar, 10.000 de dolari din afacere și vrei un venit mai mare. Cum abordezi asta? Întrebi: „Ce pot fi, face, avea, crea sau genera care ar permite ca suma x să apară în viața mea?"

Poate schimbi felul în care faci afaceri sau poate schimbi ce face afacerea ta sau poate schimbi ceva în afacere care începe să genereze banii de care ai nevoie.

Când îmbrățișezi punctul de vedere: „Voi scoate suma aceasta de bani din afacerea mea", deja ai creat o limitare. Ceea ce vrei să faci este să te uiți la: „Câți bani poate afacerea mea să-mi dăruiască?" și nu „Câți bani pot să iau de la ea?"

Cum funcționează lucrurile în această realitate financiară?

Cea de a treia parte a educației tale cu privire la bani și finanțe este despre a învăța cum funcționează lucrurile în această realitate financiară. Trebuie să înveți cum funcționează băncile, spitalele, companiile de asigurări, impozitele, cardurile de credit și toate celelalte.

Atunci când te simți confuz în ce privește finanțele tale sau orice altceva în viața ta, nu ești funcțional. Starea de confuzie indică faptul că ai nevoie de mai multe informații. A avea suficiente informații – și informații corecte – te ajută să fii conștient în toate aspectele vieții tale. Este ceea ce face ca lucrurile să funcționeze pentru tine. La fel e și cu banii. Când nu înțelegi un domeniu este fie pentru că nu ai suficiente informații, fie pentru că nu ai informații corecte. Eu, dacă mă simt aiurea cu privire la ceva din viața mea, sun avocatul, doctorul, contabilul, șeful de trib indian sau pe oricine mi-ar putea da informațiile de care am nevoie. Așa devii funcțional, pentru că simți când lucrurile nu sunt tocmai cum trebuie. Când ai conștientizarea că ceva nu este cum trebuie sau simți că ești confuz cu privire la ceva anume, întreabă: „Ce informație îmi trebuie?" și „Pe cine trebuie să întreb pentru a o obține?"

Cardurile de credit. Este important să înveți cum să folosești eficient cardul tău de credit. Ar trebui să poți plăti lunar toate cheltuielile pe care le faci. Ar trebui să ai destui bani în contul curent pentru a plăti soldul creditor în treizeci de zile sau maxim nouăzeci. Altfel, dacă plătești la restaurant pentru o masă care te costă 40 de dolari și achiți suma minimă pentru card, acea masă te va costa în final 200 de dolari la momentul la care vei fi plătit dobânda.

Momentan, sistemul cardului de credit este stabilit astfel încât dacă întârzii două zile cu plata, banca îți poate crește rata dobânzii până la 32,5%. Asigură-te că citești factura aferentă cardului de credit de fiecare dată când vine, pentru a vedea cât ai cheltuit și care este rata dobânzii tale, pentru că e posibil ca banca să o crească. Dacă le spui că te-ai prins de ce fac ei, e posibil să o reducă la 28%. Important este să-ți achiți cardul de credit cât mai rapid posibil. Obișnuiește-te să nu cumperi articole care costă mai mult decât ai de fapt. Așa procedează oamenii care au bani.

Datoria de pe cardul de credit. Dacă ai datorie pe cardul de credit, trebuie să o plătești. Uită-te la suma de bani pe care o datorezi pe cardurile tale de credit și întreabă: „Cât de mulți bani în plus ar trebui să generez în fiecare lună pentru a achita această sumă într-un an de zile?" Nu contează cât datorezi. Când pui această întrebare, adesea descoperi că nu e de fapt o sumă prea mare. Uită-te cât câștigi pe oră și calculează câte ore în plus ar trebui să muncești pe lună pentru a-ți achita într-un an datoria cu cardul. Dacă nu ești plătit suficient ca rată orară, întreabă: „Ce pot adăuga vieții mele care m-ar plăti mai mulți bani?"

Dacă datorezi bani pe mai multe carduri de credit, achită cea mai mică sumă de pe cardul cu rata dobânzii cea mai mică și cea mai mare sumă de pe cardul care are cea mai mare rată a dobânzii.

Odată ce ai plătit cardul cu cea mai mare dobândă, rupe cardul și anulează-l – sau rupe-l dar păstrează contul deschis căci poate ar fi mai bine pentru scorul tău FICO1[1].

Fă ceea ce va funcționa pentru tine. Întreabă: „Este mai potrivit să mențin acest cont deschis? Va fi mai rentabil să mențin contul deschis? Îmi va face mai mulți bani dacă mențin acest cont deschis? Sau îmi va face mai mulți bani închiderea acestui cont?"

Dacă ai datorie pe cardul tău de credit, și e mai mare de 15.000 sau 20.000 de dolari, s-ar putea să trebuiască să extinzi rambursarea pe doi ani. Calculează ce ar fi necesar și câți bani ar trebui să faci pentru a plăti datoria în doi ani. Între timp, să știi că emitenții cardurilor de credit pot schimba oricând termenii contractului. Unii dintre ei trimit notificări de schimbare a condițiilor care menționează că îți vor crește rata dobânzii dacă nu le scrii înapoi și declari că nu ești de acord cu creșterea. Mulți oameni nu citesc notificarea pe care o primesc de la emitenții cardurilor de credit așa că habar nu au că rata dobânzii lor a fost mărită. Iar atunci când le telefonează, reprezentatul companiei spune: „Ei bine, noi v-am trimis o notificare iar dumneavoastră nu ați făcut ce aveați de făcut pentru a menține rata la nivelul scăzut la care era, așa că nu aveți noroc." De asemenea, companiile pot schimba valoarea ratei minime sau pot crește rata dacă folosești cardul

---

[1] N.t.: scorul FICO, un număr format din 3 cifre, se calculează pe baza informațiilor referitoare la creditele înregistrate la Biroul de Credit. El îi arată unei bănci care sunt șansele ca o persoană să ramburseze suma pe care o cere sub formă de împrumut.

la o nouă achiziție, așa că citește cu atenție condițiile din materialele de prezentare pe care ei ți le trimit.

Fii conștient de faptul că guvernul nu lucrează în interesul tău; au eliminat legile cu privire la dobânda excesivă, ceea ce înseamnă că emitenții cardurilor de credit pot acum să ceară orice valoare a dobânzii. Emitenții cardurilor de credit au devenit noua mafie. Ca încheiere – dacă ai nevoie de ajutor mai specific în ce privește achitarea datoriei de pe cardul de credit, cumpără cartea *How to Get Out of Debt, Stay Out of Debt and Live Prosperously* a lui Jerrold Mundis.

Impozite. Unii oameni încearcă să evite plata impozitelor. Unii chiar își reduc drastic veniturile pentru a nu avea de plătit impozite. Aceasta nu este cea mai bună abordare. Nu vrei să eviți impozitele. În schimb, vrei să folosești sistemul de impozite în avantajul tău. Sistemul a fost creat pentru ca oamenii care au bani să se sustragă de la plata impozitelor. Fă-l să funcționeze pentru tine. Pentru aceasta, desigur că trebuie să te educi cu privire la modul lui de funcționare. De ce să continui să fii o persoană săracă și care evită să plătească impozite, când poți deveni o persoană bogată care nu plătește niciun impozit?

Am lucrat cu o doamnă care avea un venit mare dar nu se educase niciodată cu privire la impozite. Nici măcar nu știa că creditul imobiliar era o taxă deductibilă. Nu știa că dacă plătea pentru ca cineva să lucreze pentru ea, suma era o taxă deductibilă – putea scoate banii din buzunarul unchiului Sam în loc de buzunarul propriu. De fiecare dată când trebuia să plătească pe cineva sau să scrie un cec pentru creditul imobiliar, se considera cumplit de săracă. Nu-și dădea seama cum sistemul de impozitare funcționa în favoarea ei iar rezultatul era că plătea 38% din venitul ei sub formă de impozite. Nu face greșeli ca asta. Află cum funcționează impozitele și folosește sistemul în avantajul tău.

Spitale și companii de asigurări. Trebuie să descoperi cum funcționează spitalele, companiile de asigurări și alte categorii de servicii, și dacă vor fi alături de tine când vei avea nevoie. Ai impresia că poți conta pe companiile de asigurări că vor avea grijă de tine în momente de criză? Da, te poți baza pe companiile de asigurări. Vor avea multă grijă de tine. Dacă asta crezi, stai de vorbă cu câteva dintre victimele uraganului Katrina. Știi ce au făcut după uraganul Katrina? Le-au oferit oamenilor 10-25 de cenți la dolar din valoarea caselor lor. Douăzeci și cinci de cenți la dolar nu ar reconstrui majoritatea dintre ele. De vreme ce oamenii au refuzat acea ofertă, au trebuit să meargă în instanță. Nu au putut iniția o acțiune colectivă, așa că au fost nevoiți să meargă individual. Sistemul judecătoresc va fi blocat o sută de ani cu toate procesele de pe urma uraganului Katrina; între timp, companiile de asigurări și-au triplat ratele în toate zonele unde au loc uragane. Au făcut un miliard și jumătate de dolari în anul în care a avut loc Katrina și nu au plătit cele 700 de milioane de dolari daune care le-au fost imputate. Pentru ce sunt companiile de asigurări în afaceri? Pentru a face bani.

Și de unde știi dacă firma de asigurări va exista în momentul în care ești pregătit să încasezi? Nu știi. E posibil să nu mai existe. Așa s-a întâmplat după Katrina. Dacă locuiești în California și crezi că ai acoperire în cazul unui cutremur masiv, poate vrei să te mai gândești. Trebuie să fii realist. Firmele de asigurări sunt afaceri; se află în afaceri pentru a face bani. Nu vor să te plătească. Nu vor să aibă grijă de tine. Nu acționează spre binele tău. Există pentru a te escroca astfel încât să facă bani.

În prezent eu am o asigurare de sănătate pe timp îndelungat pentru fosta soție. Este unul dintre aranjamentele pe care le-am făcut înainte de divorț. Mă costă 1.500 de dolari pe trimestru. Asta înseamnă 6.000 de dolari pe an. Ea are acum 60 de ani. Dacă nu începe să primească din această asigurare până împlinește 70 de ani, eu voi fi plătit 60.000 de dolari pentru ea. Această sumă ar fi de ajuns să țină pe cineva, timp de aproape un an, într-un azil. Majoritatea celor din aceste instituții trăiesc un an și jumătate până la doi ani. Aceasta este informația de care am nevoie pentru a face alegeri bune. Trebuie să fii dispus să te uiți la aceste lucruri și să decizi ce funcționează pentru tine. Trebuie să fii pregătit și conștient.

Băncile și FDIC (Agenția Federală de Garantare a Depozitelor). Îți dai seama că, atunci când o bancă federală asigurată se închide, guvernul are la dispoziție 7 ani pentru a-ți returna banii – și nu trebuie să plătească dobândă pentru ei? Îți vor plăti doar suma pe care ai depus-o. De aceea o numesc *asigurare la depozit* și nu *asigurare federală a banilor*. Și tot ce se află într-o cutie de valori revine băncii.

Dacă alegi să cumperi aur, cumpără-l și poartă-l cu tine sau ține-l la tine acasă. Dacă îl păstrezi într-o cutie de valori, când banca se închide, guvernul ar putea face schema pe care a făcut-o în anii 1930 și să spună: „Trebuie să returnezi tot aurul guvernului iar noi îți vom da x dolari pentru el." Asta face parte din Legea de luptă împotriva terorismului emisă în SUA în 2001; acum îți pot lua toate metalele prețioase, cu excepția monedelor produse înainte de 1933. În cazul în care cumperi aur sau argint cu valoare numismatică, nu ți le pot lua – dar trebuie să păstrezi la tine orice alte metale prețioase.

Toate grămezile AEIOU pe care le-ai „cumpărat" cu privire la bănci, companii de asigurare, guvern și cum acești oameni buni vor avea grijă de tine și se vor asigura că ești tratat cum se cuvine, vrei să distrugi și să decreezi în totalitate? Right and wrong, good and bad, POD and POC, all 9, shorts, boys, POVADs and beyonds.

A investi bani. De asemenea, trebuie să te clarifici cu privire la modul în care funcționează investițiile. Să spunem că moștenești niște bani. Poți să sapi o groapă în spatele grădinii și să-i îngropi acolo sau îi poți investi. Când a murit mama și mi-a lăsat niște bani, fosta mea soție a decis că banii noștri s-ar multiplica dacă i-am pune în acțiuni. Tipul care a făcut investiția a fost un escroc și toți banii au dispărut. Eu nu am vrut să pun banii în acțiuni de la bun început. Am vrut să-i pun în aur dar am lăsat-o pe ea să mă convingă să-i investim. Am fost inteligent? Nu, am fost prost. Nu am ascultat de mine; am fost de acord cu ce-i trebuia ei, cu ce aprecia ea și cu ce dorea ea. Ce ar fi trebuit să fac ar fi fost să-i întreb pe bani: „Unde pot să vă pun pentru ca voi să vă multiplicați pentru mine?"

Valută forte. De asemenea, trebuie să fii dispus să te educi despre valutele forte. Valutele forte sunt lucruri care pot fi transformate în bani lichizi foarte rapid. Motivul pentru care cumpăr antichități este că ele reprezintă valută forte. Pot vinde mâine orice obiect pe care îl dețin, la cel puțin jumătate din prețul cu care l-am cumpărat. Dacă l-am cumpărat acum zece ani, mi-aș dubla sau tripla banii.

Cumpără lucruri care au valoare intrinsecă. Dain a crescut într-o casă în care toată mobila era în seturi, cumpărată de la Levitz[2]. El spune că prima oară când a venit la mine acasă, care era plină de obiecte de epocă, s-a uitat împrejur și a spus: „Casa aceasta este plină cu obiecte învechite care nu se potrivesc." Punctul lui de vedere era că, dacă nu provenea de la Ikea sau de la Levitz, nu avea valoare. Pe măsură ce a început să se informeze cu privire la ce anume avea valoare, și-a dat seama că obiectele mele *învechite* nu numai că erau frumoase, dar valorau și o mulțime de bani în același timp. Vedea că obiectele mele de epocă erau valori. Aveau valoare intrinsecă. Puteau

---

[2] N.t.: Levitz Furniture a fost o rețea de magazine de mobilă din SUA care a contribuit la crearea conceptului depozit de mobilă în vânzarea de mobilier de retail.

fi vândute pentru sume frumoase de bani, spre deosebire de obiectele din casa familiei lui unde cel mai scump articol din casă era plita sau frigiderul.

Vrei ca lucrurile pe care le cumperi să aibă valoare. Acesta este un alt aspect al condiției de a avea bani. Acestea sunt toate exemple care ilustrează de ce trebuie să fii dispus să te educi despre cum funcționează aceste aspecte financiare, ca să știi ce se întâmplă.

CAPITOLUL 7

Cel de al patrulea element al generării abundenței

• • •

GENEROZITATEA SPIRITULUI

Al patrulea element pentru a avea bani este generozitatea spiritului. Generozitatea spiritului este un mod de a fi în propria viață. Este despre a-ți trăi viața cu un sentiment de generare cu bucurie. Unul dintre lucrurile importante pe care le poți face pentru a spori generozitatea spiritului este să înveți să dăruiești.

A dărui

Cea mai mare parte a așa-numitei *dăruiri* implică o dorință de a obține ceva în schimb, însă un dar adevărat nu presupune nicio obligație. Sugerăm să înveți să dăruiești fără nicio așteptare de a primi ceva în schimb. Nu trebuie să ai milioane puse deoparte în contul bancar înainte să oferi cuiva o masă de prânz sau să-i faci un cadou care îl va face fericit sau care îi va schimba realitatea. Paradoxul acestui fel de dăruire, unde nu există nicio așteptare de a primi ceva în schimb, este că tu primești energetic. Viața ta se expansionează când adopți punctul de vedere de a genera ceva diferit în realitatea altcuiva.

De Crăciun, Dain și cu mine oferim 500 de dolari unei doamne din Mexic al cărei soț a fost omorât într-o deturnare de camioane în Ajunul Crăciunului. Are doi băieți mici și face 50 de dolari pe lună, sau 600 de dolari pe an. Am început să-i dăm bani în fiecare an de Crăciun iar condiția este să cheltuie jumătate din ei de Crăciun, pentru fiii ei. Poate face orice vrea ea cu cealaltă jumătate dar prima jumătate trebuie cheltuită pentru băieți. Ea ne spune *los angeles* (îngerii, în limba spaniolă). În viața lor, noi suntem îngerii care se asigură că au un Crăciun. Ea nu ne-a întâlnit niciodată. Noi îl cunoaștem pe fratele ei, dar nu i-am întâlnit niciodată pe ea sau pe băieții ei. Astfel de lucruri schimbă realitatea oamenilor cu privire la bani.

Cinci sute de dolari pentru a schimba realitatea cuiva. Merită? Da! Dăruind în felul acesta, ne schimbă viețile atât de mult. Noi primim în mod activ când facem acest lucru iar viețile noastre se expansionează. Recunoștința ei este o contribuție pentru starea noastră de bine și suntem perfect conștienți de abilitatea noastră de a face acest lucru. Nu e vorba despre sume uriașe de bani; este vorba despre abilitatea noastră de a face asta. Poți exersa acest gen de dăruire în moduri mari sau mici.

Recent, Dain și cu mine am zburat din Costa Rica la Los Angeles și ne aflam în autobuzul care ne ducea la locul de închiriat mașini. Aveam cu noi în autobuz cinci valize grele și când ne-am dat jos, șoferul ne-a ajutat să le punem în mașină. Voiam să îi dau un bacșiș de 5 dolari, un dolar pentru fiecare valiză, în schimb i-am dat o bancnotă de 10 dolari. Ai fi crezut că i-am oferit Taj Mahalul. A fost uluit. Faptul că cineva i-a dat un bacșiș de 10 dolari i-a schimbat întreaga zi. Era un tip cumsecade, care își făcea treaba cât putea de bine, într-o slujbă din care nu câștiga cine știe ce și voia să aibă grijă de noi și să ne dăruiască. De ce naiba să nu oferi și tu?

În timp ce așteptam în aeroport, am zărit o femeie care lustruia pantofi. Am zis: „Hai să ne lustruim pantofii." În timp ce femeia îi lustruia pantofii lui Dain, el a întrebat-o: „De cât timp faci asta?"

    Ea a răspuns: „Oh, de vreo trei ani."
    El a întrebat-o: „Îți place?"

Ea a zis: „Da, pentru că o pot face în timpul zilei iar seara merg la școala de asistente medicale."

Dain a zis: „Ah, grozav!"

Lustruitul pantofilor a costat 4 dolari. Dain a căutat la el în portofel și i-a dat o bancnotă de 100 de dolari. I-a zis: „Asta este pentru tine."

Ea l-a privit și nu a putut să scoată niciun sunet. I-a explodat întregul univers. A zis: „Îți mulțumesc foarte mult! Nu știu ce să spun! Nu mi s-a întâmplat niciodată așa ceva! Este uluitor! Totul va fi bine!"

Apoi, el a îmbrățișat-o și a zis: „Știi ceva? Tu vei aduce o mare contribuție în lume. Vei fi o asistentă medicală extraordinară. Continuă!"

A fost un moment real de primire și expansionare a universului ei.

Ideea este că există, de fapt, un singur motiv pentru a avea bani iar acesta este pentru a schimba realitățile altor oameni. Când ai bani, poți schimba realitățile altor oameni într-o clipă. Ce se întâmplă când dai cuiva ceva ce ei nu așteptau sau pe care nu simțeau că-l merită? Le schimbi realitatea. Și care este valoarea în a schimba realitățile altor oameni? Le arăți că există o posibilitate diferită și, în felul acesta, generezi un progres al conștiinței și al omenirii.

Eram odată în New York City. Mergeam să iau prânzul și am trecut pe lângă un tip care cerșea bani. La picior avea o rană mare, deschisă. M-a întrebat: „Te rog, poți să mă ajuți?" Am scos o bancnotă de 50 de dolari din portofel și am pus-o în cutia lui de conservă, continuându-mi drumul. El s-a uitat la bancnotă și a zis: „Să fiți binecuvântat, domnule, să fiți binecuvântat!" Nu s-a uitat în sus la mine niciun pic. Nu mi-a zărit deloc fața; nu a văzut nicio parte din mine. Tot ce a văzut a fost bancnota de 50 de dolari din cutia lui. Schimbarea din energia lui a fost uriașă. Interesant este că nu l-am mai văzut acolo după aceea. Ar putea 50 de dolari să schimbe realitatea cuiva? Nu știi niciodată ce e necesar pentru a schimba realitatea cuiva. Nu este vorba despre suma pe care o dai, este despre ce dai fără așteptări, fără nevoia de a ți se da înapoi, fără nimic altceva decât ideea că faci ceva pentru a schimba realitatea unei alte persoane.

Nu faci asta pentru că te simți superior sau pentru că ai impresia că ești generos sau pentru că crezi că ai mai mulți bani decât au ei. O faci pentru că te face să te simți bine și pentru că te interesează să schimbi realitatea cuiva.

Cu ani în urmă, am cumpărat un cal. Dacă aș fi avut 35 de ani, el ar fi fost calul perfect pentru mine. Ar fi fost tot ce mi-am dorit vreodată la un cal. La 60 de ani, nu era calul perfect pentru mine dar, chiar și așa, îl călăream. Dain și cu mine ieșeam să călărim – eu îmi plimbam calul, pe nume Playboy, în padoc înainte să-l călăresc. De fiecare dată când ajungea la Dain, se oprea. Alerga o tură prin padoc și se oprea în fața lui Dain, apoi iar alerga și se oprea din nou în fața lui Dain. Îl alungam de fiecare dată când făcea asta.

Niciunul dintre noi nu a pus o întrebare precum: „De ce face asta?" Doar ne gândeam că este ciudat.

Într-o zi, Dain și cu mine călăream departe, într-o zonă rurală iar Dain a spus: „Pot să-l călăresc pe Playboy, te rog? Vreau să-l călăresc. Te rog, pot să-l călăresc?"

Playboy este un fost cal de curse. Dacă îl pui la galop, pornește în goană și de acolo, parcurge distanța cu viteza luminii. Doar cine știe să călărească foarte bine ar trebui să-l călărească.

La momentul acela, Dain nu era un călăreț experimentat iar eu m-am gândit: „Să vedem. Care este cel mai rău lucru care se poate întâmpla? Poate să cadă și să-și rupă câteva oase. Pot să-mi iau telefonul cu mine ca să pot chema un elicopter în cazul în care se rănește foarte grav dar eu pot să repar aproape orice cu procesele pentru corp pe care le avem în Access" așa că am spus: „Bine, fie."

Dain a încălecat pe Playboy iar Playboy s-a întors către el și a zis: „Omul meu."

Am zis: „Poftim? Tu ești calul meu!"

Iar Dain s-a uitat la Playboy și a zis: „Îl iubesc atât de mult!" Îi dăduseră lacrimile. Abia se suise pe cal! Nu-l călărise niciodată. Dain era în șa iar hățurile atârnau libere până la pământ și l-a luat pe Playboy la un galop ușor. Nu avea deloc controlul gurii lui Playboy. Nu avea niciun control. Era ca și cum se aștepta ca Playboy să fie un cal de carusel. M-am gândit: „Dain e mort." Ce s-a întâmplat? În loc să pornească glonț, Playboy a început să galopeze ușor.

Dintr-odată, mi-am dat seama că „Acesta este calul lui Dain. Ei doi trebuie să fie împreună." Așa că i-am făcut lui Dain o propunere pe care nu a putut-o refuza. I l-am dat pe Playboy. În acea perioadă, Dain nu avea prea mulți bani. I-am spus: „Am un dar pentru tine. Ți-l dau pe Playboy."

Dain spune că universul lui a explodat în clipa aceea. Calul acesta era dispus să fie vândut cu 15.000 de dolari. De fapt, Dain tocmai primise un dar de 15.000 de dolari. I-a schimbat realitatea complet. El spune că reverberațiile acelui moment încă sunt prezente în universul lui. L-au deschis la un nivel de primire despre care nici nu știa că ar putea exista. Lumea mea continuă să se expansioneze deoarece sunt dispus să expansionez realitățile altor oameni. Orice fac cu banii este pentru a expansiona realitățile celorlalți, nu să o fac pe a mea mai bună. Asta înseamnă generozitatea spiritului.

A fi recunoscător când alții primesc

Generozitatea spiritului nu este doar despre ce dai; este și despre disponibilitatea de a te bucura când alții primesc în fiecare aspect al vieții lor. Este despre a fi fericit când alții primesc, fie că tu primești sau nu. M-a sunat de curând o doamnă și mi-a spus: „Îți voi spune asta pentru că nimeni din lumea întreagă nu s-ar bucura pentru mine. Acum 20 de ani, colegul meu de cameră a făcut un testament și mi-a lăsat toți banii mie și celorlalți colegi de cameră. Nu și-a schimbat niciodată testamentul și a murit de curând într-un accident. Tocmai am primit 10.000 de dolari ca rezultat al testamentului pe care l-a făcut acum douăzeci de ani."

Am spus: „E grozav! Sunt foarte fericit pentru tine." Eu sunt fericit când alți oameni primesc ceva. Nu sunt invidios pe ei. Nu cred că au primit ceva ce meritam eu. Generozitatea spiritului înseamnă că am fost recunoscător și încântat că ea a primit banii.

> *Cum stă treaba cu tine? Tu ai un sentiment de recunoștință și bucurie când alții primesc lucruri? Sau creezi născocirile probatorii și DJCC-urile care spun că dacă ei primesc ceva, înseamnă că tu nu ai primit acel lucru? Tot ce este asta, vrei să distrugi și să decreezi? Right and wrong, good and bad, POD and POC, all 9, shorts, boys, POVADs and beyonds.*

Dacă îți dai seama că te contracți atunci când alții au noroc, poți recunoaște acest lucru și poți spune: „Am creat egoism. Punctul meu de vedere este că dacă ei îl obțin, eu nu îl voi obține." Interesant este că poți recunoaște asta fără judecată. Asta este șansa ta să-l schimbi. Orice punct de vedere pe care îl ai poate fi schimbat. Cum ar fi dacă, în loc să te judeci, ai putea spune: „Da, am fost egoist" sau „Mare parte din viața mea am considerat că sunt egoist. Aș vrea să schimb asta acum" sau „Eram egoist. Mă limitează asta în viața mea? Îmi limitează banii pe care îi pot avea? Da!

Cum ar fi dacă aș avea un punct de vedere mai măreț care, de fapt, mi-ar genera mai mult din ce mi-ar plăcea să am în viață?"

Oamenii care au cu adevărat bani nu simt nevoia să-i diminueze pe alții. Nu trebuie să-și trăiască viața ca și când sunt superiori tuturor. Mulți oameni care sunt bogați se plâng de servitorii lor. Nu sunt recunoscători pentru nimic din ce face cineva. Ei „știu" că merită să aibă mai mult și că toată lumea îi înșală prin faptul că nu livrează un produs suficient de bun. Atunci când ești realmente dispus să ai bani, ești recunoscător oricui îți dăruiește ceva. Eu sunt recunoscător chelnerului care-și face bine treaba. Sunt recunoscător cameristei care-și face bine treaba. Sunt recunoscător oamenilor care au grijă de caii noștri și care-și fac bine treaba. Și, grație recunoștinței mele, ei sunt recunoscători că lucrează pentru mine. Caută să vadă ce altceva pot face pentru mine.

Când ai bani, ești recunoscător pentru oamenii care apar în viața ta și ești recunoscător pentru ce fac ei pentru tine. Dar când trebuie să primești bani, presupui că, într-un fel sau altul, ești înșelat. A obține bani este mai important pentru tine decât a avea bani. Observi diferența aici? Este o diferență semnificativă. Nu trebuie să ai bani pentru a avea recunoștință. Dar, dacă ai recunoștință, generozitatea spiritului care însoțește recunoștința începe să genereze mai mulți bani în viața ta.

A fi generos cu tine însuți

Generozitatea spiritului include disponibilitatea de a primi. Ești generos cu tine însuți în viața ta? Generozitatea este o disponibilitate de a fi blând atât cu tine însuți, cât și cu toți ceilalți. Vrem să adaugi un nou verset în Biblia ta: „Binecuvântat este cel ce dă, cum este cel care primește." Atât a da, cât și a primi sunt binecuvântări.

Fii recunoscător pentru ce primesc ceilalți, dar fii recunoscător și pentru ce generezi tu însuți – pentru că tu ești cu mult mai minunat decât crezi. A trăi într-o stare de recunoștință este unul dintre cele mai grozave moduri de a avea o viață de care te bucuri și de a-ți intensifica abilitatea de a primi și a fi. A trăi într-o stare de recunoștință te așează în flux cu Universul, unde generarea este posibilă. Te duce dincolo de realitatea contextuală, dincolo de: „Cum voi câștiga? Cum voi pierde?" Recunoștința te catapultează dincolo de toate acestea, în realitatea non contextuală și în conștientizare, unde rezidă întrebările, posibilitățile, alegerile și contribuția.

Iată trei întrebări pe care le poți folosi pentru a te ajuta să dezvolți o și mai mare generozitate a spiritului.

1. Ce ar fi necesar pentru ca eu să fiu generozitatea cu banii care sunt cu adevărat și nu am recunoscut? Tot ce este acest lucru, vrei să distrugi și să decreezi în totalitate? Right and wrong, good and bad, POD and POC, all 9, shorts, boys, POVADs and beyonds.

2. Ce energie, spațiu și conștiință generative pot fi, care mi-ar permite să fiu generozitatea spiritului cu banii care sunt cu adevărat și nu recunosc niciodată? Tot ce este acest lucru, vrei să distrugi și să decreezi în totalitate? Right and wrong, good and bad, POD and POC, all 9, shorts, boys, POVADs and beyonds.

3. Tot ce te ține departe de recunoștința față de tine care ți-ar schimba întreaga realitate financiară, și toate gândurile, sentimentele, emoțiile și lipsa sexului pe care le folosești pentru a distruge, a comprima sau a ucide recunoștința pe care ai putea-o avea pentru tine, vrei să distrugi și să decreezi, te rog? Right and wrong, good and bad, POD and POC, all 9, shorts, boys, POVADs and beyonds.

Instrumente suplimentare pe care le poți folosi pentru a genera bani

Instrumente suplimentare pe care le poți folosi pentru a genera bani

Dacă banii nu ar fi problema, ce aș alege?

Am mers într-o zi cu Dain să-și caute un fax nou. Se uita la toate aparatele iar eu l-am întrebat: „Dacă banii nu ar fi problema, ce ai alege?"

Primul lui gând a fost: „Dacă banii nu ar fi problema, aș alege aparatul cel mai scump." Stătea în fața unui aparat care avea toate funcțiile incluse și care costa aproximativ 550 de dolari. S-a uitat la el și a zis: „Acesta este. Dacă banii nu ar fi problema, pe acesta l-aș alege."

Apoi a văzut un alt fax, după colț. Costa 150 de dolari. Uitându-se la el și-a dat seama că cel care costa 550 de dolari era prea mare ca să se potrivească pe masa lui de lucru; de fapt, nu s-ar fi potrivit în niciun loc din biroul lui. Cel mai mic avea mărimea perfectă. Intra sub biroul lui, exact acolo unde voia el și avea toate funcțiile de care avea el nevoie.

El a spus: „Uau, tocmai am economisit 400 de dolari punând această întrebare."

Cei mai mulți dintre noi, când cumpărăm ceva, luăm decizii în funcție de bani. Spunem: „Nu-mi permit asta așa că o voi cumpăra cu cardul de credit" sau spunem: „Nu-mi permit asta așa că nu o voi cumpăra." Dar nu ne întrebăm: „Chiar îmi doresc să am asta?" sau „Chiar este asta necesară în viața mea?"

Privându-te de ceva care ți-ar expansiona viața nu este calea de a îmbunătăți lucrurile în viața ta dar asta nici nu înseamnă că trebuie să te întinzi mai mult decât poți sau să cheltui peste măsură. Nu este despre a alege întotdeauna ce e mai bun; este despre a recunoaște care este cea mai bună alegere pentru tine, în circumstanțele respective. Dacă cel mai bun lucru pe care mi-l pot permite este șampania Veuve Clicquot, voi alege asta. Voi aștepta ca Dom Perignon să se întâmple mai târziu, când voi avea mai mult.

Când întrebi: „Dacă banii nu ar fi problema, ce aș alege?" tu scoți banii din ecuație ca fiind factorul determinant al alegerii. Această întrebare aduce cu ea un mod diferit de a privi lumea și înțelegerea a ce ți-ar plăcea cu adevărat să ai în viața ta.

Sentimentul de apreciere a majorității oamenilor se bazează pe inabilitatea lor de a avea acel lucru sau de a plăti acel lucru. Te uiți la ceva și pare valoros pentru tine pentru că ai impresia că nu ți-l poți permite – dar, chiar și așa, îl cumperi. Ce se întâmplă când faci asta? O săptămână mai târziu uiți complet de acel lucru. Ai cheltuit mulți bani și acum îl plătești folosind cardul de credit.

Iată ceva ce poți face: intră în cel mai scump magazin din oraș, privește de jur împrejur și recunoaște că ai putea avea orice din acel magazin dacă ai alege cu adevărat să îl ai, chiar și dacă alegi un sistem perpetuu de plată la care achiți un avans cu care să-ți securizezi articolul și să îl poți cumpăra ulterior. Uită-te apoi în jur și vezi ce îți dorești cu adevărat să ai.

Chiar dacă inițial ai crezut că îți doreai totul din magazin, odată ce privești în jur ca să vezi ce ți-ar plăcea cu adevărat să ai, probabil vei ajunge să te hotărăști asupra singurului lucru pe care ți-ai dori cu adevărat să-l ai – sau poate nu te vei decide la niciunul. Cel mai adesea, vei descoperi că, în realitate, nu-ți dorești nimic din magazin. Te-ai gândit că îți dorești pentru că ai decis că nu ți-l poți permite și ar fi îndeplinit o nevoie din viața ta.

> *Conceptul că a cumpăra ceva va satisface o nevoie se numește terapie prin shopping. Câte născociri probatorii și DJCC-uri ai care spun că terapia prin shopping te face să te simți bine? Tot ce este acest lucru, vrei să distrugi și să decreezi în totalitate? Right and wrong, good and bad, POD and POC, all 9, shorts, boys, POVADs and beyonds.*

> *Sau, poate ai născociri probatorii cu privire la ce nu poți avea, pe baza punctelor de vedere ale altor oameni. Poate ai avut o mamă care te chestiona de fiecare dată când cumpărai ceva, cu o versiune a întrebării: „Chiar ai nevoie de asta?"*

> *Câte născociri probatorii ai care se bazează pe punctele de vedere ale altor oameni, care invalidează alegerile pe care le-ai făcut? Tot ce este acest lucru, vrei să distrugi și să decreezi în totalitate? Right and wrong, good and bad, POD and POC, all 9, shorts, boys, POVADs and beyonds.*

Cum devine mai bine de-atât?

De fiecare dată când găsești un peni, 10 cenți, un dolar, 10 dolari sau orice altă sumă de bani, mare sau mică, întreabă: „Cum devine mai bine de-atât?" Recunoaște ce ai, precum și faptul că poate deveni mai bine. Dacă spui: „Ah, bun! Ia uite ce am!" sau chiar: „Uau, mulțumesc, Universule, gata!", Universul spune: „Aha, gata. Nu mai trebuie să-ți contribui." Dar atunci când întrebi: „Cum devine mai bine de-atât?", asta menține energia în mișcare.

Prietena noastră Simone, are un prieten în Australia care este muzician. I-a spus despre „Cum devine mai bine de-atât?"iar el a decis să încerce după un concert la care își vindea CD-urile. A doua zi i-a trimis un mesaj text și i-a spus: „Chestia asta chiar funcționează! De fiecare dată când vindeam un CD, întrebam <Cum devine mai bine de-atât?> și mai apărea cineva care mai cumpăra unul sau două. În final mi-am vândut toate CD-urile la concert."

Folosește asta și atunci când plătești facturile. Nu e: „Ah, nu! Nu sunt destui bani să plătesc această factură." De fiecare dată când plătești o factură, întreabă: „Cum devine mai bine de-atât?" Adesea vedem oameni care au destui bani cât să plătească o factură și care spun: „Oo, asta nu e destul!" Ce face asta? Pune stop energiei pe care o generau. Ce s-ar întâmpla dacă, în schimb, ar întreba: „Cum devine mai bine de-atât?" Ar crea o invitație pentru mai mult din acea energie să intre în viețile lor.

O domnișoară pe care o cunoaștem ne-a spus că, recent, era la aeroport la ghișeul de îmbarcare iar tipul de acolo i-a spus: „Bagajul dumneavoastră are 9 kg peste greutatea acceptată. Va trebui să vă taxez pentru acest lucru."

Ea a zâmbit și a spus: „Cum devine mai bine de-atât?" și „Ce altceva este posibil?"

Tipul a zis: „O clipă, vă rog!" și s-a întors cu supervizorul lui. Acesta din urmă a privit-o pe domnișoară și a zis: „Bagajul dumneavoastră are 9 kg peste greutatea acceptată. Va trebui să vă taxăm pentru acest lucru."

Ea a întrebat: „Cum devine mai bine de-atât?"

Supervizorul a privit-o și a zis: „Eh, nu contează!" și a primit bagajul fără să o taxeze.

Continuă să întrebi „Cum devine mai bine de-atât?" Când folosești întrebarea în ceea ce pare a fi o situație neplăcută, obții claritate despre cum să schimbi lucrurile iar atunci când o folosești într-o situație plăcută, apar tot felul de lucruri interesante. Universul aude ceea ce ceri și livrează ceea ce ceri. Dar trebuie să ceri.

Punct de vedere interesant

Când ești într-o zonă de nonjudecată, recunoști că ești totul și nu judeci nimic, nici pe tine. Pur și simplu nu există judecată în universul tău. Există permisivitate totală pentru toate lucrurile.

Când ești în permisivitate, tu ești stânca din mijlocul râului. Gândurile, ideile, convingerile, atitudinile și emoțiile vin către tine, și trec pe lângă tine, iar tu continui să fii stânca din mijlocul râului. Acceptarea este diferită de permisivitate. Dacă ești în acceptare, atunci când gândurile, ideile, convingerile și atitudinile vin spre tine, tu ești dus de ape. În acceptare, fie te aliniezi și ești de acord - care este polaritatea pozitivă, fie te împotrivești și reacționezi – care este polaritatea negativă. Oricum ar fi, ești dus de ape.

Dacă ești în permisivitate față de ce spun eu, poți zice: „Ei bine, ăsta este un punct de vedere interesant. Mă întreb dacă există vreun adevăr aici." Apelezi la o întrebare în loc să recurgi la o reacție. Când intri în împotrivire și reacție sau aliniere și acord cu punctele de vedere, creezi limitare. Abordarea fără limite este *punct de vedere interesant*.

De fiecare dată când observi că ai un punct de vedere despre ceva, spune: „Interesant punct de vedere că am acest punct de vedere." Probabil că te gândești că ceva este adevărat sau real dar este doar un punct de vedere. Nu este real. Tu îl faci să fie real și corect. Cu judecata ta, îl faci să existe.

Să spunem că, în afacerea mea, nu fac suma de bani care mi-ar plăcea. Dacă am punctul de vedere: „Afacerea mea se prăbușește", am creat o născocire probatorie. Aduc acea realitate în existență și încep să acționez ca și cum este reală. Se prăbușește afacerea mea? Nu. OK, bine. De ce nu? Pentru că indiferent cât de mult fac, întotdeauna voi dori mai mult. Dacă observi că ai punctul de vedere *afacerea mea eșuează* doar recunoaște asta și spune „Interesant punct de vedere că am acest punct de vedere." Asta este tot ce trebuie să faci.

„Punct de vedere interesant" urmat de o întrebare este un mod grozav de a schimba o situație care ai dori să fie diferită. De exemplu, să spunem că ai un client important care te sună și anulează comanda. Dacă aplici punctul de vedere că acest lucru îți va distruge afacerea, asta este ce vei crea. Dar dacă spui: „Uau, ce interesant că face asta!" și dacă pui întrebări precum: „Ce alte oportunități sunt disponibile la care nu ne-am uitat?" sau „Ce am putea face sau fi diferit care ar schimba acest lucru?" deschizi ușa către o realitate diferită.

Am folosit „punct de vedere interesant" pentru fiecare punct de vedere pe care l-am avut timp de un an, până când nu am mai avut niciun punct de vedere cu privire la nimic. Acum, când mă uit la ceva, nu am niciun punct de vedere cu privire la acel lucru. Asta este grozav pentru că pot pune întrebări iar punctul meu de vedere nu stă în calea răspunsurilor pe care le pot auzi. Când întreb ceva: „Îmi vei face bani?" aud limpede când spune da sau nu.

Cum ar fi ca _____ să apară?

„Cere și vei primi" este unul din adevărurile din Biblie. Acolo există o mulțime de lucruri care nu sunt adevărate dar acesta este unul dintre adevăruri – și este unul pe care avem tendința să-l ignorăm. Noi nu cerem ceea ce ne dorim în viață.

Uneori, când lucrăm cu oameni pe subiectul banilor, ei ne întreabă: „De ce nu pot să ies din datorii? De ce nu apar banii pentru ca să pot fi fericit?"

Noi întrebăm: „Bine - i-ai cerut?"
Oamenii ne privesc uluiți.
Noi repetăm întrebarea: „Ai cerut banii?"
La care ei spun: „Ce vrei să spui?"
Noi răspundem: „Trebuie să ceri ceva pentru ca Universul să muncească pentru tine, pentru ca să poți avea acel lucru."
Iar ei răspund: „Am muncit, am făcut afirmații, am făcut asta, am făcut ailaltă și nimic nu funcționează."
Iar noi răspundem: „Știm. Asta pentru că nu ai cerut banii."

Nu-ți putem spune câți oameni fac totul corect dar omit acest punct esențial. Odată ce înțeleg asta și încep să ceară Universului ceea ce își doresc, situația lor financiară începe să se schimbe.

O metodă bună pentru a cere ceva este a spune: „Cum ar fi ca_____ să apară?" De exemplu: „Cum ar fi să-mi dublez venitul anul acesta?"

În loc să pună întrebări, majoritatea oamenilor fac presupuneri. „Singurul mod în care îmi pot dubla venitul anul acesta este să am două joburi cu normă întreagă." Chestia e că, odată ce ai trecut în modul de presupunere și încerci să rezolvi lucrurile, atunci nimic altceva nu poate să apară pentru tine. Ai creat o limitare uriașă. Pentru a genera ceea ce îți dorești să ai trebuie, pur și simplu, să ceri Universului ceea ce dorești. „Cum ar fi ca _____ să apară?" este o manieră eficientă de a face acest lucru.

Cu toate acestea, de îndată ce ai cerut, trebuie să fii dispus să faci ceea ce va fi necesar pentru a genera banii pe care îi cauți.

Ce altceva este posibil?

Când ești într-o situație care nu merge așa cum ți-ai dori, încearcă să întrebi: „Ce altceva este posibil?" De exemplu, dacă nu am în bancă atât de mulți bani cât aș vrea, întrebarea „Ce altceva este posibil?" ar putea deschide ușa către o posibilitate nouă.

Folosește alte întrebări precum: „Ce altceva pot obține? Ce altceva pot schimba? Ce pot genera? Ce pot fi? Ce energie pot fi? Ce pot face?"

Eu nu am punctul de vedere că mă va opri ceva vreodată, ceea ce este o solicitare fermă, și știu că pot folosi întrebări pentru a descoperi un punct de vedere nou sau pentru a vedea o oportunitate care nu era vizibilă înainte de asta.

Cum am creat asta?

Am fost de curând în Texas. Mă aflam în mașină cu prietena mea Curry; era o mașină nouă pe care a cumpărat-o pentru fiul ei. Am trecut pe lângă o cafenea și am auzit: „Hai să bem o cafea." Mi-am zis: „Eu nu vreau cafea" și am mers mai departe.

Apoi am auzit: „De ce nu oprești la acel magazin de antichități?" și nu am făcut-o. Desigur, nu era deschis. Câteva minute mai târziu, am ajuns la un semafor – stăteam lângă un uriaș camion texan, înalt de 2 metri și jumătate. Când s-a făcut verde, mașina de pe banda de lângă mine nu s-a mișcat așa că am apăsat puțin accelerația și am început să ne deplasăm. Dintr-odată, buuum! Cineva ne-a lovit în față și a fugit rapid. Fugă de la locul accidentului. Au șters-o cât au putut mai repede. Mașina noastră a fost avariată grav.

Dacă aș fi ascultat și aș fi oprit la magazinul de antichități, nu ne-am fi aflat acolo când mașina a trecut pe roșu în mare viteză. Dacă aș fi ascultat și m-aș fi oprit la o cafea, nu ne-am fi aflat acolo. Dar nu, nu am ascultat. Am mers contrar informației pe care am primit-o. Am auzit toată informația care ar fi împiedicat acest eveniment să se întâmple și am ignorat-o. De ce am ignorat toate acele mesaje subtile pe care ar fi trebuit să le ascult? Atunci când se întâmplă așa ceva, trebuie să întrebi: „Nu am ascultat din ce motiv?"

Oamenii plătesc scump când nu ascultă indiciile subtile pe care le primesc. Uneori, indiciile nu au sens dar ar trebui să asculți chiar și așa. Pentru mine nu a avut sens să merg la o cafea. Nu a avut sens să mă opresc la magazinul de antichități care era închis dar nu este despre sens: este despre conștientizare. În loc să merg mai departe de la semafor, dacă aș fi întrebat: „De ce anume nu sunt conștient aici?" aș fi stat puțin să văd că ceva nu era tocmai cum trebuie. Chiar și așa, nu m-am năpustit în intersecție când traficul nu se mișca. De obicei, sunt unul care pornește printre primii. Îmi place să plec rapid de pe loc. În situația aceasta, aș fi putut trece în fața mașinii dinaintea noastră. În mod normal, așa conduc eu dar dintr-un anumit motiv nu am făcut asta cu ocazia respectivă.

Curry a zis: „Conduceai ca un bătrân și nu înțelegeam ce faci." Conduceam ca un bătrân ca să nu fim omorâți. Dacă aș fi demarat de îndată ce lumina semaforului s-a schimbat, mașina cealaltă ar fi intrat frontal în ușa mea. Există momente în care a conduce ca un bătrân este corect.

După ce s-a întâmplat, am privit retrospectiv să văd ce s-a întâmplat și să văd de ce nu am fost atent la indiciile subtile. Am întrebat: „Cum am creat asta?" Căutam cele zece secunde de inconștiență care au creat acel rezultat.

Accidentul m-a trezit la realitatea că trebuie să devin chiar și mai intens conștient decât am fost înainte. Pe măsură ce devii mai conștient, lucrurile vin la tine ca o atingere de fulg în loc de o bucată de cherestea de 2 țoli peste ceafă. Trebuie să fii dispus să primești atingerile de fulg ca să știi ce se petrece în realitate, altfel se impune cheresteaua peste ceafă. Faptul că mi-am pus întrebarea mi-a permis să văd cum am ales să fiu inconștient cu privire la conștientizarea mea că ar trebui să luăm o pauză și să ieșim de pe drum. Am creat situația nefiind atent la acea conștientizare înainte de accident; dacă aș fi fost atent, ar fi schimbat tot ce urma să se întâmple.

Toate născocirile probatorii și DJCC-urile pe care le ai pentru a face toate conștientizările tale să vină peste tine ca o bucată de cherestea groasă de 2 țoli sau ca o nicovală între ochi, vrei să distrugi și să decreezi toate acestea? Right and wrong, good and bad, POD and POC, all 9, shorts, boys, POVADs and beyonds.

Ce este în regulă cu asta și nu pricep?

După accident, Curry a folosit întrebarea pentru a vedea la ce anume nu a dat atenție. Și-a dat seama că fiului ei nu-i plăcea mașina. Accidentul a făcut-o să înțeleagă faptul că mașina avea nevoie să fie iubită și nu doar să stea pe aleea din fața garajului. Curry a zis: „De fapt, fiul meu și-a dorit o altă mașină dar, în loc să-i cumpăr mașina pe care și-o dorea el, i-am cumpărat mașina care funcționa pentru mine."

„Ce este în regulă cu asta și nu pricep?" este o întrebare frumoasă pe care să o folosești cu privire la situația ta financiară sau în orice situație cu care nu ești fericit. Te deschide la noi moduri de a vedea ce se petrece în lumea banilor tăi. Să spunem că ești pe cale să-ți pierzi locul de muncă, nu ai perspectiva altuia nou și nu faci suficienți bani ca să-ți acoperi cheltuielile. Situația pare sumbră. Nu știi cum îți vei plăti facturile luna viitoare. Care este primul lucru de făcut? Trage adânc aer în piept și apoi încă o dată și încă o dată. Primul pas este să ieși din starea de panică și să devii prezent pentru a fi dispus să primești informația care iese la iveală atunci când pui o întrebare. Apoi, întreabă: „OK, ce este în regulă cu asta și nu pricep?" Chiar ți-ai dorit acest job? Încă ți-l mai dorești? Dacă dai deoparte punctul de vedere că pierzi ceva valoros, ce altceva ar putea fi posibil?

Uneori, când îi întrebăm pe oameni: „Îți dai seama că deja o terminaseși cu jobul acesta?" ei răspund: „Mă plafonam în jobul acela!"

Noi spunem: „Super, așadar, ce ți-ai dori să faci de fapt?"
Ei răspund: „Nu știu, dar s-ar simți total diferit."
Noi zicem: „OK, atunci urmează energia aceea."

Incremente de zece secunde

Când erai copil și părinții te duceau la magazinul de înghețată, îți spuneau ei: „Poți avea orice îți dorești?" sau spuneau: „Poți avea asta sau asta?" Majoritatea părinților întreabă: „Vrei asta sau vrei astălaltă?" Îți dau două opțiuni. Dar noi nu înțelegeam de ce trebuie să alegem între *asta* și *ailaltă*. Noi voiam totul!

Cei mai mulți dintre noi nu am fost învățați vreodată să alegem pentru noi înșine. Drept rezultat, adesea avem dificultăți să facem alegeri ca adulți. În Santa Barbara există un restaurant care oferă un bufet extrem de bogat duminica dimineața. Este o masă de un kilometru pe care se află toate felurile de mâncare la care te poți gândi. Este atât de multă mâncare că ar fi imposibil să iei doar o înghițitură din fiecare fel. Cum e posibil să alegi ce să mănânci? Eu intru, mă uit la masă și am terminat. Cheltui 55 de dolari doar ca să privesc mâncarea. Ni se spune că avem alegeri infinite dar nu putem avea niciuna din ele. Credem că este mai ușor să alegem între două lucruri. Să iau omletă sau o felie de bacon? Adesea intrăm în situația în care încercăm să alegem între două lucruri pe care nici nu ni le dorim. Încercăm să calculăm care este răul cel mai mic. E ca votul pentru un politician. Nu există unul pe care l-ai vota, astfel încât îl alegi pe cel care este cel mai puțin rău. Așa ai fost învățat. Nu alegi ceea ce îți va expansiona viața și îți va da tot ce îți dorești. Alegi între ceea ce este îngrozitor și ce nu este chiar așa de rău.

În loc să alegi dintre „asta sau ailaltă" sau în loc să te lupți să faci o alegere când există prea multe lucruri din care să alegi sau în loc să alegi cel mai mic rău, începe să faci totul în incremente de zece secunde. În loc să te uiți la toți bărbații din lume și să încerci să-l găsești pe cel pe care să-l iubești, alege să iubești pe cineva timp de zece secunde. Poți să ne-alegi zece secunde mai târziu. Sau, poți alege să-l iubești din nou în următoarele zece secunde.

Când crezi că o opțiune este singura pe care o vei avea vreodată, te constrângi singur încercând să faci alegerea corectă. În schimb, încearcă incremente de alegere de zece secunde. Frumusețea de a alege în incremente de zece secunde este că alegerea creează conștientizare. Celor mai mulți dintre noi ni s-a spus să ne gândim la consecințele alegerilor noastre. Oamenii spun: „Fii atent ce alegi pentru că, dacă faci o greșeală, nu există cale de întoarcere." Este acesta un adevăr? Te face asta să te simți ușor? Sau te face să te simți apăsat? Sau te face să intri în panică? Te face să te simți apăsat pentru că este o minciună! Nu știi niciodată ce se va întâmpla până când nu alegi.

Dacă faci o alegere și nu-ți plac consecințele, spune: „Hop! Asta a fost o alegere proastă. Următoarea!" Alege din nou. Când funcționezi astfel, nu există panică legată de alegere pentru că alegerea nu are importanță sau semnificație.

Hai să jucăm un joc. Ai zece secunde să-ți trăiești tot restul vieții. Te afli în junglă și este plin de lei, tigri, urși și șerpi veninoși. Doar arată precum orașul în care trăiești. Vei muri aici, în următoarele zece secunde. Ai zece secunde să-ți trăiești tot restul vieții. Ce alegi?

Poate e ceva de genul celor de mai jos, cum a reieșit într-un recent curs pe care l-am susținut:

> Gary: Ai zece secunde să-ți trăiești tot restul vieții. Ce alegi?
> Participant: Să fac dragoste.
> Gary: Să faci dragoste. OK. Asta ar trebui să dureze puțin mai mult de zece secunde. Dacă nu durează, găsește-ți un alt tip.
> Participant: Să mănânc ceva dulce.
> Gary: OK, bun.
> Participant: Libertate, eliberare.
> Gary: OK. Viața asta s-a terminat. Ai zece secunde să-ți trăiești tot restul vieții. Ce alegi?
> Participant: Bucurie. Distracție. Bani. Conștientizare.
> Gary: Bun. Viața asta s-a terminat. Alege din nou!
> Participant: O bicicletă.
> Gary: Bun. Viața asta s-a terminat. Alege din nou!
> Participant: Să mă joc, să beau un pahar cu vin.
> Gary: Bun. Viața asta s-a terminat. Alege din nou!
> Participant: Să fac o fotografie frumoasă.
> Gary: Bun. Viața asta s-a terminat. Alege din nou. Ați observat că pe măsură ce alegeați în incremente de zece secunde ați început să vă simțiți mai relaxați?

Fă asta zilnic, tot timpul. Într-un increment de zece secunde poți spune: „Detest să lucrez în această farmacie." În următoarele zece secunde poți spune: „Ador să fiu farmacist! Ador să-mi fac treaba!" Într-un increment de zece secunde poți spune: „Urăsc această persoană căreia trebuie să-i predau yoga" și în următoarele zece secunde: „Ador mirosul acestei persoane căreia trebuie să-i predau yoga."

Când alegi să funcționezi în incremente de zece secunde, nimic nu te blochează. Ai punctul de vedere: „Vreau ca azi să fie o zi diferită de cea de ieri." Dacă am o zi în care am patru persoane programate pentru ședințe private iar prima dintre ele îmi telefonează și anulează, eu spun: „OK, Universule! Încerci să-mi spui că asta e o zi de repaus?" Dacă răspunsul este da, le telefonez celorlalte trei persoane și, în nouăzeci și nouă la sută din cazuri, ele îmi spun: „Oh, mă bucur că ai sunat pentru că nu prea îmi doresc să fac ședința azi dar aveam programare, iar la tine e greu de găsit loc liber așa că nu am vrut să anulez." Nici ele nu voiau ședința. Universul încerca să-mi spună că era timpul să iau o zi de pauză. Eu eram dispus să fac o alegere diferită – și la fel persoanele respective.

Poți face asta chiar și atunci când ai de luat o așa-zisă decizie importantă cum ar fi: afacerea ta e pe pierdere iar tu nu ai suficienți bani și trebuie să decizi ce să faci. Nu încerca să forțezi ceva ca să faci bani. În schimb, alege în incremente de zece secunde.

Oamenii mi-au spus: „A funcționa în această realitate necesită multă planificare. Nu poți face mereu lucruri în zece secunde. Dacă cumpăr un bilet de avion cu zece secunde înainte de zbor, voi plăti cu mult mai mult pentru el."

Eu spun: „Poți face planuri în continuare. Eu fac planuri să fac tot felul de lucruri dar sunt, în același timp, dispus să-mi schimb planul în următoarele zece secunde. Doar pentru că am făcut un plan, nu înseamnă că nu-l pot schimba." Mulți oameni cred că trebuie să meargă mai departe dacă au făcut un plan. Ți s-a spus că dacă nu mergi mai departe cu un plan ești o persoană irațională? Dacă cineva îți spune că ești superficial sau irațional sau absolut tâmpit, recunoaște că ei vorbesc despre ei înșiși. Poți funcționa în această realitate și poți face planuri în incremente de zece secunde dacă ești dispus să schimbi. Asta îți face viața mai ușoară. Și dacă cineva îți spune că ești irațional sau superficial, spune mulțumesc. Nu vor ști cum să reacționeze la asta. Întotdeauna e bine să-i lași cu gura căscată.

Această realitate este ceea ce este. Tu nu trebuie să trăiești în ea dar trebuie să fii capabil să funcționezi în ea. Când funcționezi în această realitate, ești funcțional. Asta înseamnă că ești dispus să te uiți la ce este, să știi ce poți schimba și ce nu poți schimba și să gestionezi totul, așa cum e. Când ești funcțional în această realitate, ești conștient că ai alte alegeri disponibile. Privești lucrurile și spui: „Toată lumea se așteaptă ca lucrurile să iasă așa. Trebuie să trăiesc cu ceea ce așteaptă alții? Trebuie să fac lucrurile așa cum le fac alții? Trebuie să sufăr așa cum suferă alții? Nu! Eu pot avea o realitate diferită." A trăi în incremente de zece secunde te poate ajuta în această privință.

Totul în viață vine la mine cu ușurință, bucurie și glorie®

Și, în final, în Access avem o mantră: Totul în viață vine la mine cu ușurință, bucurie și glorie. Ușurința este degajare, bucuria este fericire, plăcere și încântare iar gloria este expresia exuberantă și abundența vieții care este posibilă.

Dain spune că atunci când a auzit prima dată „Totul în viață vine la mine cu ușurință, bucurie și glorie" a început să o spună zilnic de treizeci de ori dimineața, de treizeci de ori seara și cu alte ocazii pe parcursul zilei, și a schimbat energia pe care era dispus să o aibă în viață.

El afirmă: „*Totul în viață vine la mine cu ușurință, bucurie și glorie* a schimbat spațiul din care funcționam. Înainte să o rostesc, simțeam ca și cum nu era niciun spațiu în viața mea dar după ce o spuneam de cinci sau zece ori, deschidea spațiu."

Este uimitor ce lucruri se pot întâmpla atunci când spui „Totul în viață vine la mine cu ușurință, bucurie și glorie".

Fiul meu cel mare a fost dependent de droguri. Într-o seară, mi-a luat mașina, chipurile să se ducă să cumpere țigări, și nu s-a mai întors. A fost plecat toată noaptea. Nu am știut ce să fac așa că am spus continuu *Totul în viață vine la mine cu ușurință, bucurie și glorie.* Nu simțeam că viața venea la mine cu ușurință, bucurie și glorie; doar ziceam. M-am trezit la două dimineața și am auzit o mașină; el nu era acasă așa că am zis-o din nou. Am făcut-o din nou la patru dimineața și apoi la șase. În cele din urmă, la 7:30 dimineața, a intrat pe ușă. Am spus: „*Totul în viață vine la mine cu ușurință, bucurie și glorie* – OK, care-i treaba?" Deja îi spusesem că folosise droguri de atât de mult timp și era în afara controlului încât va trebui să plece de acasă data viitoare când va alege asta.

El a spus: „Știi ceva? Am nevoie de un program de dezintoxicare."

Mai fusese în trei astfel de programe dar nu alesese niciodată de unul singur. A trebuit să-l forțăm să facă asta. Așa că, s-a înscris într-un program de dezintoxicare cu durata de optsprezece luni și și-a schimbat viața radical. Trăiește și astăzi; probabil că nu ar mai fi fost în viață dacă nu ar fi ales să meargă. A fost alegerea lui. Adevărul este, pentru oricine care consumă droguri sau alcool, că trebuie să fie alegerea lor. Nu-i poți face să se schimbe. Tot ce am putut face eu a fost doar să spun *Totul în viață vine la mine cu ușurință, bucurie și glorie.* O cred tot timpul? Nu întotdeauna. Dar o folosesc deoarece Universul aude și Universul răspunde.

Avem speranța că veți folosi instrumentele și informația din această carte pentru a genera o realitate financiară care este cu mult mai măreață decât cea pe care o aveți în prezent!

GLOSAR

A fi

În această carte, uneori folosim *a fi* într-o manieră neconvențională ca în întrebarea: „Ce energie, spațiu și conștiință generative pot fi care mi-ar permite să fiu energia lui a avea și a acumula bani, care *să fiu* cu adevărat?"

Folosim *a fi* aici pentru că dacă nu poți fi bani, nu poți avea bani.

De ce nu spunem „banii care *sunt* cu adevărat? Pentru că *sunt* este o născocire probatorie a ființării. *Sunt* este un punct de vedere născocit. *A fi* se referă la ființa infinită, unde poți fi toate aspectele a orice ai putea fi.

Fraza de curățare (POD și POC)

Fraza de curățare pe care o folosim în Access este: Right and wrong, good and bad, POD and POC, all 9, shorts, boys, POVADs and beyonds.

Right and wrong, good and bad este prescurtarea pentru: Ce este drept, bun, perfect și corect legat de această situație? Ce este greșit, josnic, rău, groaznic, urât și înspăimântător legat de această situație? Ce este corect și greșit, bine și rău?

POC reprezintă **p**unctul **c**reației gândurilor, sentimentelor și emoțiilor care preced orice ai decis.

POD reprezintă **p**unctul **d**istrugerii care precede orice ai decis. Este ca și cum ai trage de cartea de joc care se află la baza piramidei din cărți de joc. Întreaga construcție se prăbușește.

All 9 reprezintă cele nouă niveluri de bălegar care au fost date la o parte. Tu știi că, undeva în aceste nouă straturi, trebuie să existe un ponei pentru că nu ai fi putut aduna atât de mult bălegar într-un singur loc fără să fie și un ponei acolo. Este o mizerie pe care o generezi singur, și asta este partea proastă.

Shorts este versiunea scurtă pentru: Ce este semnificativ cu privire la asta? Ce este nesemnificativ cu privire la asta? Care este pedeapsa pentru acest lucru? Care este recompensa pentru acest lucru?

Boys reprezintă sferele nucleate. Ai văzut vreodată un dispozitiv din acelea cu care copiii fac baloane de săpun? Sufli aici și creezi o mulțime de balonașe? Și spargi unul și altul îi ia locul?

POVAD-uri sunt punctele de vedere pe care le eviți și le aperi, care mențin în existență aspectul respectiv.

Beyonds sunt sentimente sau senzații pe care le ai, care îți opresc inima, îți taie respirația sau îți blochează disponibilitatea de a te uita la posibilități. Este ca atunci când afacerea ta e pe pierdere iar tu mai primești o somație finală și faci: Aaaahhh! Nu te așteptai la asta chiar atunci.

Uneori, în loc să spunem „folosește fraza de curățare" spunem: „fă-i doar POD și POC."

Născocire probatorie

Este un punct de vedere născocit, un punct de vedere pe care l-ai dezvoltat. Este atunci când spui: „Așa ar trebui să fie banii" sau „Așa ar trebui să meargă lucrurile în ce privește banii." Tu consideri că ți-ar plăcea ca ceva să fie într-un anumit fel și apoi aduni dovezi ca să încerci să faci lucrurile corect. Este a nu te uita la ceea ce este.

Univers conflictual

(numit și realitate conflictuală sau paradigmă conflictuală)

Este un punct de vedere care conține elemente contradictorii. Este o problemă. De exemplu: când erai copil, ți s-a spus că banii sunt sursa tuturor relelor? Iar tu refuzi să fii rău? Acesta este un univers conflictual.

NOTĂ CĂTRE CITITORI

Informația despre bani prezentată în această carte este, de fapt, doar o degustare a ceea ce are Access de oferit. Există o pleiadă de procese și cursuri Access. Dacă sunt aspecte în care nu poți face lucrurile să funcționeze în viața ta așa cum știi că ar trebui să funcționeze, poate te-ar interesa să participi la un curs Access sau să găsești un facilitator Access care poate lucra cu tine individual pentru a-ți da mai multă claritate cu privire la problemele pe care nu le poți depăși, fie că se referă la bani sau la orice altceva.

Procesările Access sunt făcute cu un facilitator instruit și au la bază energia ta și a persoanei cu care lucrezi.

Pentru detalii, vizitează:

www.accessconsciousness.com

CĂRȚI DESPRE BANI RECOMANDATE

Banii nu sunt problema, tu ești
de Gary Douglas și Dr. Dain Heer

Prosperity Consciousness
de Steve și Chutisa Bowman

The Penny Capitalist: How to Build a Small Fortune from Next to Nothing
de James J. Hester

How to Get Out of Debt, Stay Out of Debt and Live Prosperously
de Jerrold Mundis

www.ingramcontent.com/pod-product-compliance
Lightning Source LLC
Chambersburg PA
CBHW010742170426
43193CB00018BA/2916